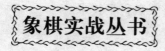

象棋实战丛书

棋海残局拾贝

傅宝胜　编著

U0129580

时代出版传媒股份有限公司
安徽科学技术出版社

图书在版编目(CIP)数据

棋海残局拾贝 / 傅宝胜编著. --合肥:安徽科学技术
出版社,2019.1
 (象棋实战丛书)
 ISBN 978-7-5337-7465-3

 Ⅰ.①棋…　Ⅱ.①傅…　Ⅲ.①中国象棋-残局(棋类
运动)　Ⅳ.①G891.2

中国版本图书馆 CIP 数据核字(2018)第 000315 号

棋海残局拾贝　　　　　　　　　　　　　　　　　　傅宝胜　编著

出 版 人:丁凌云　　选题策划:倪颖生　　责任编辑:倪颖生　王爱菊
责任校对:沙　莹　　责任印制:廖小青　　封面设计:吕宜昌
出版发行:时代出版传媒股份有限公司　http://www.press-mart.com
　　　　　安徽科学技术出版社　　　　　http://www.ahstp.net
　　　(合肥市政务文化新区翡翠路 1118 号出版传媒广场,邮编:230071)
　　　电话:(0551)63533330
印　　制:三河市人民印务有限公司　　　电话:(0316)3650588
(如发现印装质量问题,影响阅读,请与印刷厂商联系调换)

开本:710×1010　1/16　　印张:13　　　字数:234 千
版次:2019 年 1 月第 1 版　　2019 年 1 月第 1 次印刷

ISBN 978-7-5337-7465-3　　　　　　　　定价:25.00 元

前　言

　　棋手在实战中进入短兵相接的决战阶段，如何赢得终局的最后胜利，没有深厚的残局功底，难能如愿。一些特级大师的残局功力十分过人，他们常会临门一脚致使对手困毙，堪称出神入化、精妙绝伦，是广大象棋爱好者学习的典范。

　　本书精选了 21 世纪以来的典型中残局 215 盘，在关键着法上和评注中列出了详尽的变化并进行了解读，力争剖析到位，供读者欣赏、研究、借鉴。读者若能细细领会其中精妙之处，棋艺必可得到提高和升华。

　　全书局例皆为精华，实用价值颇高，适合广大象棋爱好者使用。

　　由于笔者水平有限，书中错漏难免，恳请读者批评指正。

编　者

目　　录

棋海残局拾贝

第3局 黑炮打仕 一锤定音

如图3,是"利君沙杯"全国象棋个人锦标赛男子甲组重庆王晓华与河北刘殿中弈至红方第17着后的棋局。红马窝心,局势已呈不稳,黑方乘机出击,迅速取胜,请看黑方的精彩表演:

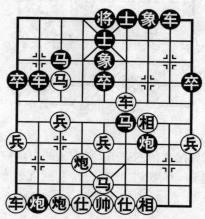

图3

17. ……   车8进7   18. 车四退一   ……

红方如不退车吃马,而改走车九进二保炮,则黑车2进5!马七进九,士5进6,红方亦处于败势。

18. ……   车8平4   19. 车四平六   炮2平4!

黑炮打仕一锤定音!红如车六退二,则炮4平1,炮七进二,车2进6,马五退七,车2平3,帅五进一,炮7平1,黑多子胜定。红看到变化后,遂投子认负。

第4局 严防死守 不致速败

如图4,是"利君沙杯"全国象棋个人锦标赛男子甲组沈阳苗永鹏与浦东廖二平弈至第26回合时的棋局。黑方上一着后马进5使红马不能卧槽,是一步攻不忘守的好着,由此可从容进攻。红方当务之急是摆脱黑卧槽马对自己的控制,应走车五平六,严防死守,不致速败。

27. 兵五进一?   ……

红方此着给了黑8路车有平4路的机会,是速败之着。

27. ……   车6进4!   28. 仕六进五   车8平4

29. 帅五平六   车6平5!

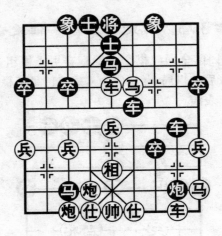

图 4

精彩之着。以下红如接走仕四进五,则车 4 进 3,帅六平五,车 4 退 2,帅五平四,车 4 平 6,仕五进四,车 6 进 1 杀。红看到无法解杀的变化后,遂投子认负。

第5局　小兵欺车　优势扩大

如图 5,是"利君沙杯"全国象棋个人锦标赛男子甲组广东吕钦与上海万春林弈至第 21 回合的棋局。红方占优,怎样扩大优势呢?请看实战:

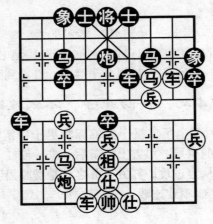

图 5

22. 兵三平四! ⋯⋯⋯
这是一步扩大先手的佳着,过河小兵起到了举足轻重的作用。

22.…… 车6平5

黑如改走车6进1,则马三进五,象3进5,车六进七,红大占优势。

23. 兵五进一 车5进2

如改走炮5进3,则车二退二,车5平7,车二平五,红方优势。

24. 兵四平五 车5进2 **25. 马七进六** 车5退2

26. 马三进五 象3进5 **27. 马六进七** 象5退3

如改走象9退7,则车二平三,车1平3,炮七平八!红亦大占优势。

28. 兵七进一 车5平3

黑如改走车1平3,则红炮七平九,车3退1,炮九进八,红七路马有进九与进五两条卧槽之路,黑亦难以抵挡。

29. 车六进八! 象9退7 **30. 炮七平六** 车3退1

31. 车六退一 马7退5 **32. 兵五平六** 车3进5

33. 炮六退一

红方以下有马七退五的杀棋,黑方无法解杀,遂认负。

第6局 黑抓战机 红临厄运

如图6,是"利君沙杯"全国象棋个人锦标赛男子甲组火车头金波与广东许银川弈至第21回合的棋局。红方缺少一相,已落后对手,谋和方为上策。红方能达此目的吗?请看实战:

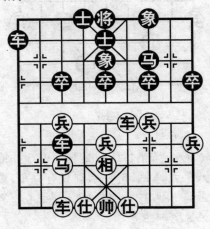

图6

22. 车四进二? **……**

红方进车卒林急于谋和,却忽视了已方缺少一相,黑进车攻马后红方必再丢一相,局势急转直下。红方应改走仕六进五,黑如车1进6,则马七退六,车3平5,车四进二,红方大有谋和机会。

22.……   车1进6!

黑方抓住战机攻击红马,红已难逃厄运。

23. 车四平三	马7退8	**24. 马七退九**	车3平5
25. 车七进一	车5进1	**26. 仕六进五**	卒9进1
27. 马九退七	车1进2!	**28. 兵三进一**	马8进9
29. 车三平一	象5进7	**30. 车一退一**	车5平2!

下伏车2进2捉死红马的手段,红方少子认负。

第7局　痛失好局　令人惋惜

如图7,是"利君沙杯"全国象棋个人锦标赛男子甲组上海孙勇征与广东吕钦弈至红方第42着后的棋局。

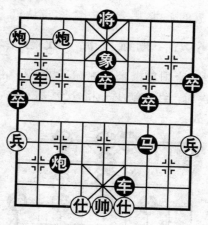

图7

42.……   车6退3?

黑方退车,痛失好局,令人惋惜!应改走马7进5扑槽叫杀!红只有仕六进五,则车6退3,红如车八平六,则车6平4,红只有兑车,黑胜定。

43. 炮九进一	将5进1	**44. 车八进二!**	炮3平4
45. 仕六进五	车6平5		

黑如改走炮4平5,则仕五进六,红方形成"夹车炮"的杀势,黑棋无法解救。

46. 帅五平六!   ……

出帅巧擒黑炮,一举奠定多子胜势。

46. ……	象 5 进 3	**47.** 仕五进六	马 7 进 6
48. 仕六退五	车 5 平 4	**49.** 帅六平五	车 4 退 2
50. 车八退一	车 4 平 1	**51.** 炮九平八	车 1 退 1
52. 炮八退一	将 5 退 1	**53.** 车八退四	象 3 退 5
54. 车八平二	象 5 退 7	**55.** 炮八退七	车 1 平 3

黑如车 1 平 6，则红方炮七退七，黑马也将被红方双炮捉死，红方多子胜定。

56. 炮八平四

红方胜定。

第 8 局　弃炮轰士　创造胜机

如图 8，是"利君沙杯"全国象棋个人锦标赛男子甲组黑龙江赵国荣与邮电袁洪梁弈至第 23 回合的棋局。红方针对黑方中防薄弱的缺陷，大胆出手，弃炮轰士，魄力过人，由此创造胜机。请看实战：

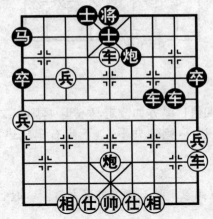

图 8

24. 炮五进六！	士 4 进 5	**25.** 车五进一	将 5 平 6
26. 车一平五	马 1 退 3	**27.** 前车进一	将 6 进 1
28. 前车平七	车 7 平 5	**29.** 车七退一	……

先将军，再平中兑车，行棋次序井然。

29. ……	将 6 退 1	**30.** 车七平五	车 5 进 3
31. 车五退六	车 8 退 1	**32.** 兵七进一	车 8 平 6
33. 车五进七	将 6 进 1	**34.** 车五退一	将 6 退 1
35. 兵七平六			

车兵精彩入局,红胜。

第9局　突发冷箭　迅速入局

如图9,是"利君沙杯"全国象棋个人锦标赛男子甲组吉林陶汉明与重庆王晓华弈至第23回合的棋局。

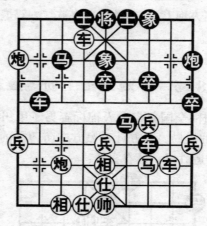

图9

24. 车六平四　　　　马3进4

红车塞象眼,杀机四伏!黑方如改走马6退4,则车二进七杀底象,红亦大占优势;黑方又如马6进7,则炮九平五,下步有车二进六的凶着,黑亦难以应付。

25. 炮九进二　　　　车2退4

黑如改走士4进5(如象5退3,则炮九平六打士),炮七进七,车2退4,炮七退六抽车,红胜。

26. 炮九平六!　　　马6进7　　　27. 车二进七　　　……

红方弃炮打士,突放冷箭。现挥车捉底象伏双车错杀,着法大刀阔斧,紧凑有力,迅速入局。

27. ……　　　　　象5进3　　　28. 车二平三　　　马4退5

29. 炮六平四　　　车2进5　　　30. 车四平六　　　炮9平6

31. 车三退一

红胜。

第10局　打开缺口　弈得精彩

如图10,是"利君沙杯"全国象棋个人锦标赛男子甲组大连卜凤波与上海胡荣华弈至第17回合的棋局。

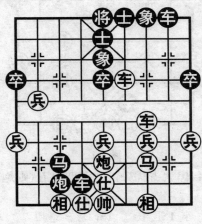

图10

18. 炮五进四　　　……

如改走炮五平六,则车8进8,下伏炮3平5砍仕手段,红亦难以应付。

18. ……	将5平4	19. 车三平四	车8进7
20. 后车退二	炮3平5!	21. 仕六进五	马3进5!
22. 炮五平六	马5退7	23. 炮六退四	车8进1
24. 后车平五	车8平7	25. 相三进一	车7平8

黑方用炮马破红方双仕,由此打开缺口迅速入局,弈得相当精彩。

第11局　炮轰底仕　猝不及防

如图11,是"利君沙杯"全国象棋个人锦标赛女子组四川黎德玲与云南党国蕾弈至红方第13着后的棋局。

13. ……　　　　　炮6进7!!

黑炮轰红方底仕,宛如一声惊雷,令红方猝不及防,是获胜的佳着。

14. 车四平六　　　……

红方如改走:①帅五平四,则车4进1,炮五退二,车2进7,相三进五,马4进3,黑胜势。②马三退四,则炮1平4,仕六进五,车2进8,马四进三,马4进5,马三进五,车4平5,帅五平四,车2平4,车四进四,士5退6,炮五进四,马7

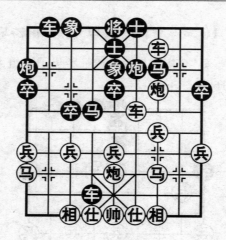

图 11

进 5,马五退六,车 5 平 4,黑大占优势。③车四退五,则炮 1 平 4,仕六进五,车 2 进 7,黑亦大占优势。

14. …… 车 4 退 4 　**15. 马三退四** 车 2 进 5

16. 相三进一 车 2 进 2 　**17. 炮五平三** 车 4 进 4

红方缺仕,已经不起黑方双车的攻击。

18. 后炮退二 车 4 平 6 　**19. 前炮平二** 将 5 平 4

以下黑可先车 2 平 4,再车 4 进 1,形成绝杀之势,红方遂主动认负。

第 12 局　两失机会　败也无憾

如图 12,是"利君沙杯"全国象棋个人锦标赛男子甲组南方棋院庄玉庭与浙江陈寒峰弈至第 23 回合的棋局。红虽多一马,但少一相,黑车正捉住红炮,且红帅位置欠佳,局势很不明朗。红方怎样应对呢?请看实战:

24. 炮三平五? ……

败着。应改走马九进八,则车 9 平 7,马八进七,红先弃后取,胜势。黑此时如走炮 2 进 5,则红车三进二,象 5 退 7,马七进六杀。红方错失良机。

24. …… 炮 2 进 5!

黑方抓住机会,对红帅进行攻击。

25. 帅四平五? ……

丧失最后的机会。红应改走仕五进四,则车 9 平 6,帅四平五,炮 5 进 2,后炮平八,红优。

25. …… 车 9 进 2 　**26. 仕五退四** 炮 2 平 7!

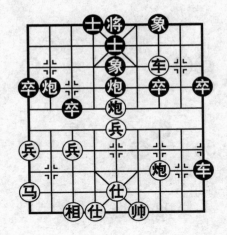

图 12

黑方妙演了天地炮杀势，入局相当精彩。

27. 车三退一	炮 7 进 1	**28.** 仕四进五	炮 7 退 3
29. 仕五退四	炮 5 进 2	**30.** 仕六进五	炮 7 进 3
31. 车三退六	车 9 平 7		

红方丢车后败局已定。

32. 马九进七	车 7 退 3	**33.** 后炮进一	炮 5 平 8

红投子认负。

第13局 献马妙着 震惊四座

如图 13，是"利君沙杯"全国象棋个人锦标赛男子甲组火车头于幼华与吉林洪智弈至第 21 回合的棋局。黑车正捉住红前炮，红方车马双炮乍看起来活动空间小，好像无法施展对黑方的攻击，但红方却走出了震惊四座的妙着，一举攻破黑方城池。

请欣赏红方的精彩入局：

22. 马三退五 ……

制胜妙着，一锤定音！

22. ……	车 2 平 5	**23.** 前炮进一	将 4 退 1

黑方如改走士 5 进 6，则前炮进一，黑亦难应付。

24. 前炮进一	将 4 进 1	**25.** 车九平八	……

红车开出，红方如虎添翼，黑败局已定。

25. ……	车 5 平 3	**26.** 车八进七	马 1 退 3

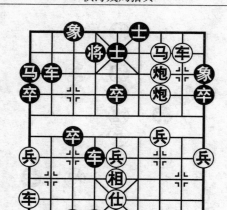

图 13

27. 后炮进二　　　将 4 进 1　　　**28.** 前炮平七！
红胜。

第 14 局　　兵捣黄龙　　胜利在望

　　如图 14,是"利君沙杯"全国象棋个人锦标赛男子甲组江苏王斌与广东黄海林弈至第 52 回合的棋局。红方针对黑方缺少双象,加上子力分散,不利于进攻和防守的不利局面,发动了有效的进攻,一举摧毁黑方的防线而获胜。

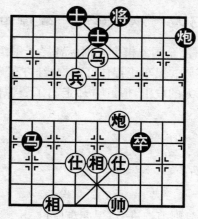

图 14

53. 炮四平八！　　　炮 9 平 6　　　**54.** 仕四退五　　　炮 6 进 1
55. 帅四平五　　　马 2 退 4　　　**56.** 相五进七　　　马 4 进 6

57. 炮八进五　　　将 6 进 1　　58. 炮八退一　　　士 5 进 4

红炮进退两将使黑方顿感为难。黑方撑士实属无奈，如改走将 6 退 1，则马五退四（伏马四进三杀），炮 6 进 1，兵六平五，黑方丢炮。

59. 马五进六　　　将 6 平 5　　60. 炮八平九　　　将 5 退 1

61. 马六退五　　　马 6 进 7　　62. 帅五平六　　　炮 6 进 4

63. 马五进三　　　将 5 平 4　　64. 仕五进四　　　炮 6 平 4

65. 仕六进五　　　士 4 退 5　　66. 马三退四　　　将 6 平 5

67. 炮九退五　　　卒 7 平 6　　68. 兵六平五　　　士 5 退 6

69. 兵五进一　　　……

红中兵直捣黄龙，胜利在望。

69. ……　　　　　炮 4 退 5　　70. 炮九退二！　　……

红方先把黑方卧槽马赶走，再发起进攻，攻不忘守，运子相当老练。

70. ……　　　　　马 7 退 8　　71. 马四进三　　　将 5 平 4

72. 炮九进八！　　卒 6 平 5　　73. 炮九平四！　　卒 5 平 4

74. 兵五平六　　　炮 4 平 6　　75. 炮四平一　　　马 8 退 7

76. 相七进五　　　马 7 进 5　　77. 炮一退三　　　马 5 退 4

78. 马三退二　　　马 4 进 3　　79. 马二进四　　　……

红方奔马挂角，马炮兵三子联攻，锁定胜局。

79. ……　　　　　马 3 退 2　　80. 兵六进一　　　将 4 平 5

81. 炮一进二！

红胜。

第 15 局　　冒险强攻　　招致失败

如图 15，是"利君沙杯"全国象棋个人锦标赛男子甲组黑龙江聂铁文与江苏王斌弈至第 33 回合的棋局。从双方仕（士）相（象）的损失情况可见厮杀的激烈程度。就形势而言，仍不明朗，双方都有机会。稍有不慎，都可能招致失败。请看实战：

34. 炮一进三？　　……

乍看起来，红方进炮是一着强手，但却因疏于防范而招致失败。此着正是红方的败着。红方应改走相七进五先巩固后防后再进炮，双方激烈对攻互有顾忌，胜负难测，变化如下：相七进五，车 3 平 2，炮一进三，马 2 进 1，车四进五，将 4 进 1，车四平七，车 2 平 4，车七退一，将 4 进 1，炮一退二，车 8 进 1，炮一进一，车 8 退 1，双方不变可作和。黑若求变会立刻输棋；红若求变则局势复杂，一时难下

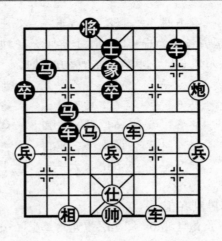

图 15

结论。

| 34. …… | 车 3 进 4 | 35. 仕五退六 | 马 3 进 2! |

黑方跃马精妙至极！解杀还杀。至此，胜负已定。

| 36. 马六退五 | 前马进 3 | 37. 帅五进一 | 车 8 进 7 |
| 38. 车三进一 | 车 8 平 7 | 39. 马五退三 | 车 3 平 4 |

红方认负。

第 16 局　点中穴位　水到渠成

如图 16，是"利君沙杯"全国象棋个人锦标赛男子乙组火车头陈启明与厦门郑乃东弈至第 25 回合的棋局。红方占有明显的优势，怎样把优势转化为胜势，请看红方的精彩表演：

| 26. 炮八平七 | …… |

红方抓住黑方软肋，点中黑方穴位。是一步扩大先手的好着。

| 26. …… | 象 3 进 5 |

黑如改走象 7 进 5，则车九平六，象 3 进 1，马五进六，黑方也难以应付。

| 27. 车九平六 | 象 5 进 3 | 28. 马五进六 | 炮 6 进 6 |
| 29. 后炮平五 | 将 5 平 6 | 30. 炮七退三 | …… |

黑方阵形涣散，现在又被红生擒一炮，败局已定。

| 30. …… | 炮 2 平 6 | 31. 车四进一 | 车 7 退 4 |
| 32. 车六进一! | …… |

红方弃车成杀，水到渠成！

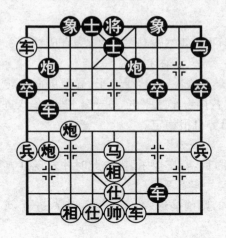

图 16

32. ……	士 5 退 4	**33.** 车四进六	将 6 平 5
34. 马六进五	士 4 进 5	**35.** 马五进七	将 5 平 4
36. 炮七平六			

绝杀红胜。

第 17 局　潇洒自如　回味长久

如图 17,是"利君沙杯"全国象棋个人锦标赛女子组火车头韩冰与广东陈丽淳弈至第 10 回合的棋局。

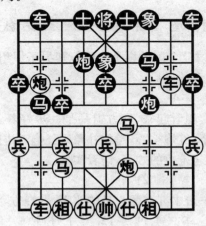

图 17

11. 马四进五　　　……

红置炮于车口而不顾,毅然跃马踏中卒,胸有成竹。

11. ……　　　　　车 2 进 3?

黑方对红方弃子毫无警惕,竟接受弃子,导致局面急转直下而败北。黑方应改走马 7 进 5,以下红若接走车二平五,则士 4 进 5,车八进四,车 9 平 8,虽然还是红方占优,但黑方局势也很稳定。

12. 马五退七!　　　……

红方露出庐山真面目,弃车要杀,黑方此时才发现红方意图,为时已晚。

12. ……　　　　　车 2 平 8

黑如改走车 2 退 2,则前马进六,车 2 平 4,车八进五,车 4 进 1,兵七进一,红大占优势。

13. 前马进六　　　将 5 进 1　　14. 车八进五　　　将 5 平 6

黑方如改走将 5 平 4,则红炮四平六杀。

15. 车八平三　　　车 9 进 2　　16. 车三平四　　　将 6 平 5

17. 车四平八　　　象 5 退 3

黑如改走将 5 平 6,则红马七退五,黑亦难应付。

18. 炮四平五　　　将 5 平 4　　19. 马六进四　　　马 7 退 5

20. 马四退五

红胜。纵观入局,红方弃车、炮成杀,弈来潇洒自如,精彩异常,使人回味长久、享受长久。

第 18 局　弃马争先　红方就范

如图 18,是"利君沙杯"全国象棋个人锦标赛男子甲组南方棋院李鸿嘉与黑龙江赵国荣弈至第 9 回合的棋局。

10. 马七退五　　　……

中局形势相当复杂,粗看起来,红方退马是一步好着。红退马后,红炮正打黑马,黑若逃马则丢中卒,红炮空心,黑如补象则红炮五进四叫将,黑方丢车。但红方却漏算了黑方有弃马抢攻的妙着,请看实战:

10. ……　　　　　车 4 进 2!

黑方弃马争先,一举击中红方窝心马的要害,令红方始料不及。

11. 炮七进六　　　车 9 进 1!　　12. 炮五进四　　　马 8 进 7!

13. 炮七平二　　　车 9 平 4　　14. 马五进六　　　前车退 2

15. 仕四进五　　　马 7 进 5

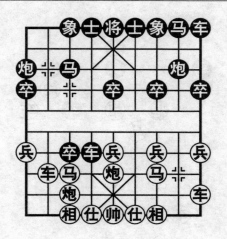

图 18

经过巧妙兑子后,黑方不但追回了失子,而且占据明显优势。黑方一系列精彩着法,令人赞叹不已。

16. 车八进五　　马5进3　　**17.** 车八平七　　马3进2

18. 炮二退三　　……

红如改走炮二平九(若车一平四,则黑马2进3,帅五平四,前车进3,仕五退六,车4进8,黑胜),则后车平6,仕五退四,象3进1,下一步黑方象1进3后再卒3进1或车6进6,黑方都大占优势。

18. ……　　后车平6　　**19.** 炮二平七　　炮1进4

20. 车一平二　　……

红如炮七进五打象,则士4进5,车七平八,车6进4,红亦难下。

20. ……　　车6进5　　**21.** 车七退一　　卒1进1

22. 相三进五　　象3进5　　**23.** 车二进三　　炮1进2!

黑方下一着准备炮1平3邀兑,一举奠定胜局。红方看到无论兑炮与否,均已无法防范黑棋马2进3卧槽的杀势,故主动推枰认负。

第19局　运子有方　入局巧妙

如图19,是"九天杯"第5届全国象棋大师冠军赛浙江陈孝堃与云南陈信安弈至第12回合的棋局。

13. 车一进二　　炮8退1

黑如改走车6进2,则车一进二,车6退2,车一平四,将5平6,车八进二,车1平2,车八平四,炮8平6(若将6平5,则仕四进五),马六进五,黑方难以应付。

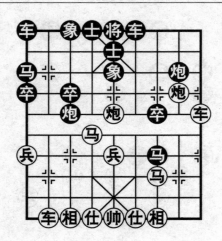

图 19

14. 炮二平五!　　……

红方再镇中炮,伏有车一平五硬砍中象的攻杀手段,令黑方顿感难以招架。

14. ……　　　　马 1 退 3　　15. 车一平二　　炮 8 平 9

16. 马六进七　　　炮 9 进 3

黑如改走马 7 退 6,则马三进二,卒 7 进 1,马二进三,红亦大占优势。

17. 后炮平一　　　炮 3 平 9　　18. 车八进八

红方进车捉马,擒得一子奠定胜局。黑如接走马 3 进 4,则车八平六,马 4 进 3,马七进八,绝杀红胜。

第 20 局　构思弃马　车兵攻城

如图 20,是"九天杯"全国象棋大师冠军赛厦门郑一泓与浙江陈孝堃弈至第 59 回合的棋局。

60. 马六进五　　　……

马踏中士,奠定胜局。

60. ……　　　　将 4 平 5　　61. 马五退四　　卒 9 进 1

62. 车三退四　　　……

红方退车,算准弃马后车、兵可迅速攻下城池,构思十分巧妙。

62. ……　　　　炮 6 进 3　　63. 车三平四　　炮 6 退 1

64. 兵五进一　　　炮 6 进 1　　65. 帅四平五　　将 5 平 6

66. 车四平一

黑方车炮无士象不敌红方车兵的攻击,遂停钟认负。

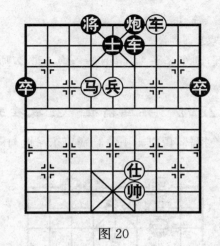

图 20

第 21 局　捉炮细腻　杀法精彩

如图 21,是"青岛晚报杯"象棋棋王争霸赛黑龙江赵国荣与广东许银川弈至红方第 36 着后的棋局。

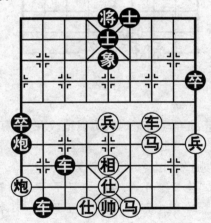

图 21

36.……　　　　　　车 3 进 1

黑车进 1 捉炮,可谓一击中的!令红方顿感难以招架。红如接走炮九进一,则炮 1 平 5,马四进三,炮 5 进 2,后马退五,车 3 平 4,黑胜。

37. 兵五进一　　车 3 平 4　　38. 马四进三　　炮 1 平 3

39. 帅五平四　　车 4 平 1　　40. 车三平七　　炮 3 平 4

41. 前马进四　　　车1平5！

杀法精彩,令人赞叹!

红如接走马三退五,则车2平4,帅四进一,炮4进2,帅四进一,车4平6,黑胜。

第22局　弃马精准　抢攻在先

如图22,是"青岛晚报杯"象棋棋王争霸赛广东吕钦与湖北柳大华弈至第40回合的棋局。

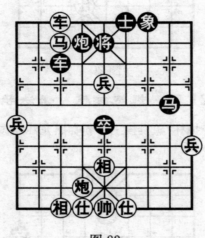

图 22

41. 车七平四！　　　……

红方平车吃士,已算准弃马后车炮兵可以抢攻在先,算度精确、深远。

41. ……　　　车3退1　　　**42.** 炮六平五　　　车3进3

黑如改走马8进7,则车四退六,红亦胜势。

43. 车四平三　　　将5平6　　　**44.** 车三平六　　　车3平4

45. 兵五进一　　　马8进7　　　**46.** 相五退三　　　卒5平4

47. 车六平五　　　车4平6　　　**48.** 兵五进一　　　将6进1

49. 车五平四　　　将6平5　　　**50.** 车四退四　　　马7退6

51. 兵五平六

红方得回一炮后,形成炮三兵仕相全必胜马卒无士象的残棋。

第23局　强攻贪胜　惨遭败绩

如图23,是BGN世界象棋挑战赛上海万春林与吉林洪智弈至第13回合的棋局。

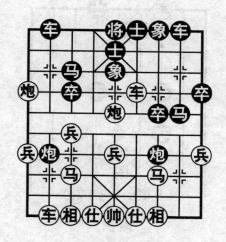

图 23

14. 车四平七　　　　……

红方平车吃卒,速败之着。红方应改走相七进五,则马3进1,车四平七,红虽先弃一炮,但占得很大先手,局势比较乐观。

14. ……　　　　　　　**炮7进3**　　**15. 帅五进一**　　　……

红方应改走仕四进五,黑如接走炮2平3,则车七平六,虽落后手,但尚有复杂变化。

15. ……　　　　　　　**马8进7**　　**16. 帅五平四**　　　**车8进8**

17. 帅四进一　　　　　**车8平7**　　**18. 马七退五**　　　**炮7退2**

19. 车七平四　　　　　**马3进5**

黑方献马解杀,下伏炮7平8绝杀手段,红遂停钟认负。

第24局　炮拴车马　黑难应付

如图24,是BGN世界象棋挑战赛广东许银川与吉林陶汉明弈至红方第53着后的棋局。

53. ……　　　　　　　**士5进6**

黑方撑士,放弃底士,失算。黑方应改走卒3平2,红如接走仕五进六,则士5进4,红无有效后续手段,较难取胜。

54. 车七平四　　　　　**将4平5**　　**55. 相五进七**　　　**卒3进1**

56. 炮六平五　　　　　**将5平4**　　**57. 车四平五**　　　**卒3进1**

58. 车五退六　　　　　**车6平4**　　**59. 炮五平六**　　　**车4平6**

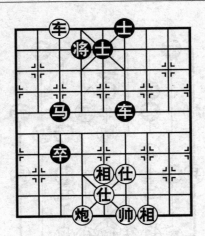

图 24

| 60. 相七退九 | 士 6 退 5 | 61. 车五平六 | 马 3 退 4 |
| 62. 车六平四 | 车 6 平 4 | 63. 车四平五 | |

以下红方伏有帅四平五,车 4 进 1,仕五退四,士 5 进 6,车五进四的手段,黑难解拆,遂停钟认负。

第 25 局　劣势难转　停钟认负

如图 25,是 BGN 世界象棋挑战赛上海胡荣华与黑龙江赵国荣弈至红方第 58 着后的棋局。

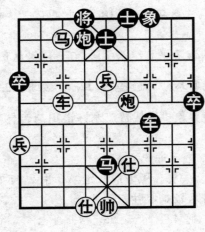

图 25

58. ⋯⋯ 　　　　　车 7 平 5

黑平车中路,速败之着。黑方应改走车 7 平 4,虽然形势落后,但尚可支撑。

59. 马七退六! 　　　马 5 进 3 　　**60. 帅五平四** 　　　车 5 进 4

61. 帅四进一 　　　将 4 平 5 　　**62. 炮四平五**

黑方不敌红方车、马、炮、兵的联合攻势,遂停钟认负。

第 26 局　弃马伏杀　一气呵成

如图 26,是 BGN 世界象棋挑战赛火车头金波与上海林宏敏弈至第 19 回合的棋局。

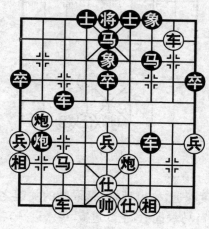

图 26

20. 车七平六 　　　⋯⋯

红方平车弃马叫杀,紧凑有力。以下红方针对黑马窝心的弱点展开了猛烈的攻击,终于一气呵成。

20. ⋯⋯ 　　　　　车 3 退 4

黑退车回防,无奈之着。如改走马 5 进 3,则车二平七,马 3 进 2,车七退三,象 5 进 3,车六进三,炮 2 进 2,炮八平五,象 3 退 5,车六进八,红方得子胜势。

21. 车六进三 　　　炮 2 进 2 　　**22. 车六进五** 　　　车 7 退 2

23. 马七进六 　　　炮 2 进 1 　　**24. 炮四平七** 　　　车 3 平 2

25. 车二平四 　　　车 7 进 3 　　**26. 炮八平七**

黑如接走车 3 平 8,则马六进七,红方胜定。

第27局　兵去底士　算度深远

如图27,是 BGN 世界象棋挑战赛上海孙勇征与广东宗永生弈至第 70 回合的棋局。黑马正捉住红兵,红如逃兵,则马 8 进 6 再马 6 进 4,黑方左马右调,红要想取胜就相当困难。红有制胜的奇招吗? 请看实战:

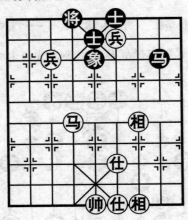

图 27

71. 兵四进一!　　……

红方兵去底士,算度深远,构思巧妙,是取胜的关键之着。黑如接走士 5 退6,则兵七平六,象 5 退 7,马六进七,士 6 进 5,兵六进一,将 4 平 5,兵六平五,将5 平 6,马七退五,马 8 进 6,马五进四,象 7 进 5,帅五进一,象 5 进 3,帅五进一,象 3 退 5,仕四退五,象 5 进 3,相三退一,象 3 退 5,马四进二,马 6 退 7,马二退三,马 7 进 6(如马 7 进 8,则马三进五得象胜定),帅五平四后马三进二杀。

71. ……	马 8 进 6	**72.** 马六进七	马 6 退 7
73. 相三进一	士 5 退 6	**74.** 兵七平六	士 6 进 5

黑如改走将 4 平 5,则兵六平五(去象),马 7 进 5,马七进五,将 5 进 1,帅五进一,将 5 退 1,帅五平六,形成单马擒孤士,红胜定。

75. 兵六平五	马 7 进 6	**76.** 仕四退五	将 4 平 5
77. 仕五退六	将 5 平 4	**78.** 帅五进一	将 4 平 5
79. 马七进九	将 5 平 4	**80.** 马九退八	将 4 平 5

81. 兵五进一

黑如接走将 5 平 6(如马 6 退 5,则马八进七,红胜),则帅五平四,红胜。

第 28 局   炮轰底士   石破天惊

如图 28,是 BGN 世界象棋挑战赛黑龙江赵国荣与辽宁尚威弈至第 23 回合的棋局。黑方马 7 进 8 看似好棋,实际上弄巧成拙,反给红方提供了一个绝佳的机会,结果致败。黑方应改走马 7 进 6 较为稳妥。

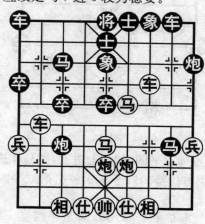

图 28

24. 炮四进七   ……

红方炮轰底士,犹如石破天惊,出乎黑方意料,红方由此发起了迅猛的攻击!

24. ……	士 5 退 6	**25.** 炮五进三	士 6 进 5
26. 车八平二	马 8 进 6	**27.** 马五退四	车 8 平 9
28. 马四进二	将 5 平 4		

黑方出将无奈之着。如改走炮 9 平 8,则车三进三,车 9 平 7,马二进四,红方速胜。

| **29.** 车三平六 | 士 5 进 4 | **30.** 马二进四 | 象 5 退 3 |
| **31.** 车二进四 | | | |

以下黑如接走车 1 进 1,则车二平九,马 3 退 1,炮五平六,绝杀红胜。

第 29 局   献马叫将   一锤定音

如图 29,是 BGN 世界象棋挑战赛广东汤卓光与广东庄玉庭弈至红方第 34着后的棋局。

| **34.** …… | 炮 6 平 5 | **35.** 仕五进六 | …… |

黑方平炮叫将是一着强手,红稍有不慎,都可能招致失败。红方扬仕解将就

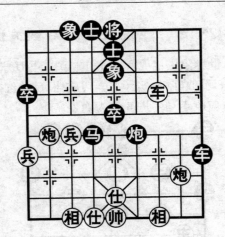

图 29

是一招败着。红方应改走帅五平四(如相七进五,则马 4 进 5,炮八平五,马 5 进 3,帅五平四,卒 5 进 1,黑方优势),以下车 9 平 6,炮二平四,炮 5 平 6,帅四平五,红方可以应付。

35. …… 车 9 平 5 **36.** 帅五平四 马 4 进 5!

黑献马跳中叫将,可谓一锤定音! 是迅速取胜的精彩之着。红如接走相三进五,则车 5 平 6,黑方速胜。

37. 仕六进五 车 5 平 6 **38.** 帅四平五 马 5 退 6

黑方得车胜定。

第 30 局 献马捉车 争先扩势

如图 30,是 BGN 世界象棋挑战赛吉林陶汉明与云南王跃飞弈至第 16 回合的棋局。

17. 马四进六 **……**

红方献马捉车,构思十分精妙,实出黑方所料,算准可以通过先弃后取的手段,迅速扩大优势,是取胜的佳着。

17. …… 车 4 进 4 **18.** 马七进五! 炮 3 进 4

黑如改走车 4 退 2(如象 7 进 5,则前炮进三,象 5 退 7,炮三进七,红胜),则车八进九,士 5 退 4,车七进三,车 4 平 3,车八平六,将 5 进 1,前炮平五,将 5 平 6(如将 5 进 1,则炮五退四),炮三平四,车 5 平 6,车六平四,红方速胜。

19. 马五退六 车 5 平 4

黑方躲车,实属无奈。如改走马 3 进 4,则前炮平五,红方得车胜定。

20. 马六进七 炮 3 平 5 **21.** 仕四进五 士 5 进 4

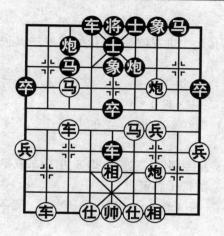

图 30

黑如改走车 4 退 4 捉马，则前炮平五，红亦胜定。

22. 车八进九　　　将 5 进 1　　　**23.** 马七退九

黑见自己已呈败势，遂停钟认负。纵观全局，红方献马实属上乘佳作！值得学习。

第 31 局　妙用双炮　得子而胜

如图 31，是 BGN 世界象棋挑战赛河北刘殿中与吉林陶汉明弈至第 36 回合的棋局。红方抓住黑方缺少一象的致命弱点，利用车双炮进行攻击，一举获胜，弈来相当紧凑和精彩。

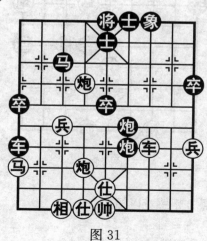

图 31

37. 后炮平三　　　象 7 进 5　　**38.** 炮六平二　　……

红炮六平二后，既伏炮二进三催杀，又伏炮二退三谋子的手段，黑方顿感难以招架。

38. ……　　　　　前炮平 5　　**39.** 相七进五　　将 5 平 4

40. 炮二退三　　马 3 进 4

黑如改走卒 5 进 1，则红车三进三，红亦胜势。

41. 兵七进一　　卒 1 进 1

黑如改走象 5 进 3 去兵，则车三进三，炮 6 进 1，车三平六，士 5 进 4，炮二进六，将 4 进 1，车六退一，红得子胜定。

42. 炮二进六　　将 4 进 1　　**43.** 兵七平六　　卒 5 进 1

44. 车三进三

黑少子失势，遂停钟认负。

第 32 局　槽马肋炮　演成绝杀

如图 32，是 BGN 世界象棋挑战赛黑龙江赵国荣与上海胡荣华弈至第 36 回合的棋局。黑方上一着走马 7 退 9 是一招败着，应走马 7 退 5，红方难以取胜。红方抓住黑方的失误，走出最强手，一举获胜。对弈如下：

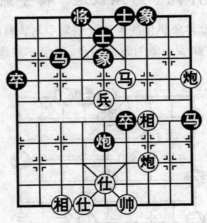

图 32

37. 炮三平六！　　……

平炮巧妙一击，令黑方顿感难以招架。

37. ……　　　　　将 4 平 5

如改走马 3 进 2，则马四进三，黑也难应付。

38. 马四进三　　　　将 5 平 4　　**39. 炮一平七！**　……

平炮压住黑马是入局的必走之着。

39. ……　　　　　　卒 6 平 5

黑如改走象 5 进 3，则兵五平六，炮 5 平 4，兵六平七，红亦胜势；再如改走炮 5 平 7，则兵五平六，士 5 进 4，马三退四，黑亦难应付。

40. 炮七退五！

红方退炮演成绝杀，黑遂停钟认负。

第33局　车点穴道　暗藏杀机

如图 33，是"柳林杯"第 4 届全国象棋大师冠军赛上海万春林与河北张红弈至第 21 回合的棋局。黑方缺少一象，底线又受到红方的威胁，形势明显处于下风。

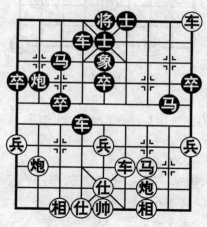

图 33

22. 车四进六　　　　……

红方进车塞黑象眼，下伏马三进四催杀的手段，可谓一击中的，令黑方难以招架。

22. ……　　　　　炮 2 进 3　　**23. 马三进四**　　象 5 进 7

黑如改走马 8 退 7，则炮八平二，下伏炮二进七，马 7 退 8，炮三进八的杀棋，也是红胜。

24. 马四进二　　炮 2 退 4　　**25. 马二进三**

黑如接走炮 2 平 7，则炮三进六，象 7 退 9，炮三平五，将 5 平 4，车一平四，士 5 退 6，车四进一杀，红胜。

第 34 局　中路突破　底线抽杀

如图 34,是"柳林杯"第 4 届全国象棋大师冠军赛云南陈信安与火车头金波弈至第 26 回合的棋局。

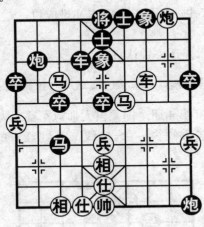

图 34

27. 马四进五　……

红方舍马踩象,有力的一击! 迅速敲开胜利之门。

27. ……　炮 2 平 5　28. 车三进三!　士 5 进 6

29. 马七退五　车 4 进 2

黑如改走炮 5 进 1,则车三退三,士 6 进 5,车三平五,红亦胜势。

30. 马五进四　将 5 平 4　31. 车三退一　士 6 进 5

32. 车三平五　车 4 平 8　33. 车五退一

黑如接走车 8 进 5,则仕五退四,车 8 退 9,相五退三,将 4 进 1,车五进二,将 4 进 1,马四退五,将 4 退 1,马五进七,将 4 进 1,车五退二,红胜。

第 35 局　平炮轰仕　防不胜防

如图 35,是"柳林杯"第 4 届全国象棋大师冠军赛浦东葛维蒲与广东陈富杰弈至第 28 回合的棋局。

29. 马五退四　……

败着。红方应改走车四进一,则将 4 进 1,车四平三,车 4 平 5(如炮 8 平 4,则仕五退六,车 4 进 7,帅五进一,车 4 退 7,炮九平一,红方胜定),炮九平一,车 5 平 9,车三平二,炮 8 退 7(如车 9 进 1,则车二退九,车 9 进 3,兵五进一,红占优

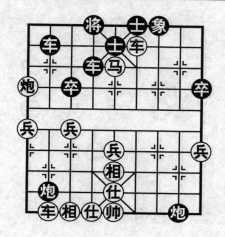

图 35

势),炮一平三,红方仍占优势。

29. …… 炮 8 平 4!

黑方平炮轰仕,精彩巧妙!使局势迅速逆转。

30. 仕六退五 车 4 进 7 **31.** 帅五进一 车 4 退 1

32. 帅五退一 车 2 进 6!

黑方进车捉相,是平炮轰仕的后续手段,红方防不胜防。

33. 相五进三 车 4 进 1 **34.** 帅五进一 车 2 平 7

35. 马四退六 车 7 进 1 **36.** 车四退七 车 7 进 1

黑方此时不能炮 2 平 6 打车,否则车八进九,将 4 进 1,马六进七,将 4 进 1,车八退二,红方捷足先登。

37. 车四进五 车 7 平 5 **38.** 帅五平四 车 4 退 1

39. 帅四进一 车 4 平 5

黑方双车成绝杀之势,红方遂停钟认负。

第 36 局 大刀剜心 八角马杀

如图 36,是"华亚防水杯"全国象棋特级大师、大师赛广东吕钦与湖南张申宏弈至第 33 回合的棋局。

34. 车四平五! ……

弃车砍士,精彩之作!红方由此迅速入局。

34. …… 士 6 进 5 **35.** 马三进四 将 5 平 4

黑如改走将 5 平 6,则炮三平四,车 9 平 6,车五进三,绝杀,红胜。

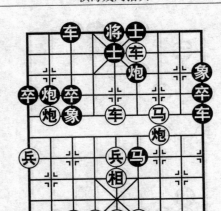

图 36

36. 车五进三	马 6 进 7	37. 帅五进一	马 7 退 6
38. 帅五退一	马 6 进 7	39. 帅五进一	象 3 退 5
40. 车五退一	马 7 退 6	41. 帅五退一	

黑如续走将 4 进 1,则车五进二,将 4 进 1,炮三进三,红胜。

第 37 局　卧槽对攻　抽车制胜

如图 37,是"华亚防水杯"象棋特级大师、大师赛黑龙江聂铁文与北京张强弈至第 32 回合的棋局。

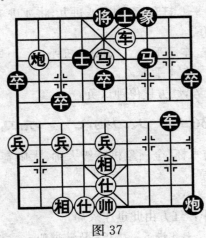

图 37

33. 马五进三! 　……

红方不理黑方抽将,毅然马五进三卧槽,红方已胸有成竹!

33. ……　　　　车 8 进 4　　**34.** 仕五退四　　车 8 退 8

35. 相五退三　　马 7 退 5

黑如改走士 4 退 5,则炮八进一! 将 5 平 4,车四退四,将 4 进 1,马三退五,红方速胜。

36. 炮八退三!　　……

红方退炮,准备配合车马作杀,紧凑有力之着! 黑如接走马 5 进 6 邀兑,则炮八平五,马 6 进 5,车四平六,车 8 平 7,车六平三,马 5 进 3,车三平九,士 4 退 5,车九进一,士 5 退 4,车九退三,红方得车胜定。

36. ……　　　　卒 5 进 1　　**37.** 炮八平四　　……

红方平炮机灵,黑方此时无法走马 5 进 6 邀兑。

37. ……　　　　炮 9 退 3

黑如改走卒 9 进 1,则炮四退三,卒 9 进 1,兵五进一,卒 9 平 8(如卒 5 进 1,则炮四平五),兵五进一,炮 9 退 8,车四进一,将 5 平 6,兵五平四,马 5 进 6,兵四进一,红胜。

38. 炮四退三　　卒 9 进 1　　**39.** 仕六进五　　将 5 平 4

40. 车四进一　　将 4 进 1　　**41.** 炮四进七

红方得车胜定。

第38局　运子严谨　解杀还杀

如图 38,是第 21 届"五羊杯"全国象棋冠军赛吉林陶汉明与上海胡荣华弈至红方第 21 着后的棋局。

21. ……　　　　马 7 进 6

黑方进马选择强硬着法,力求一搏,但红方更有强手,弈来相当精彩。

22. 炮一平五　　士 6 进 5　　**23.** 帅五平六　　……

红方出帅解杀还杀,是紧凑有力之着!

23. ……　　　　炮 7 退 4　　**24.** 车二平三　　炮 7 平 6

黑方平炮,无奈之着。如改走车 6 进 2,则车三进三,车 8 平 7,车六进二杀,红方速胜。

25. 车三进二!　　……

红方舍炮进车,暗藏杀机,凶狠之着。

25. ……　　　　车 6 进 2

黑方应走车 6 退 2 捉中炮还可周旋。

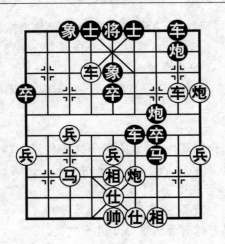

图 38

26. 车六进一！

红方进车虽下一步要杀，但黑方却无法解救。黑如接走车6退4捉炮，则车三平五，士4进5，车六平五，红胜；又如改走炮6平7，则车三进一，车8平7，车六进一，也是红胜。

第39局 炮马腾挪 兵逼皇城

如图39，是第21届"五羊杯"全国象棋冠军赛广东吕钦与江苏徐天红弈至第48回合的棋局。

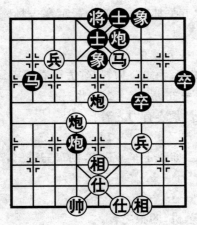

图 39

49. 炮五退二 ……

红方退炮既可阻挡黑炮,又可为马四退五助攻腾出道路,是迅速取胜的有力之着!

49. …… 马2进4

黑如改走炮4平7,则红马四退五后,伏有兵七平六手段,黑亦难应付。

50. 马四退五 炮4平1 **51. 兵七进一!** 炮1退2

52. 马五进六

黑如接走将5平4,则马六进八,马4进2(如将4平5,则兵七进一,马4退2,兵七平六杀),兵七进一,将4进1,马八退七,将4进1(如马2退3,则炮五平六重炮杀),马七退八,红方胜定。

第40局 献马谋车 精彩至极

如图40,是第21届"五羊杯"全国象棋冠军赛上海胡荣华与广东吕钦弈至第41回合的棋局。

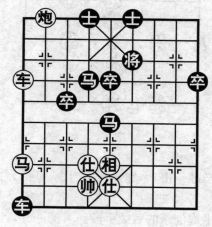

图40

42. 炮八平七 ……

红方炮平七路,目的是防止黑马5进3的恶着。

42. …… 马4进3!

黑方献马催杀谋车,可谓一击中的,真是精彩至极!令红方顿感难以招架,败局已定。

43. 仕五进四 ……

红方扬仕,无奈之着。红方如改走相五进七,则马5进3,马九进七,车1退

6,黑得车胜定。

43. ……	马3进2	**44.** 帅六平五	车1退1
45. 帅五退一	马5进4	**46.** 帅五平四	马2进4
47. 帅四平五	前马进2	**48.** 帅五平四	车1退1

黑方得子胜定。

第41局　连续叫杀　妙手得车

如图41,是第12届"银荔杯"广东许银川与吉林陶汉明决赛的第二局弈至红方第21着后的棋局。

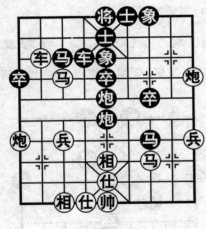

图 41

| **21.** …… | 后炮平3 |

黑方平后炮催杀,巧妙一击,令红方顿感为难,是扩大先手的佳着。

| **22.** 帅五平四 | 车4进2! |

黑方高车弃马,是平炮催杀的后续手段。

23. 炮一退一	卒7进1	**24.** 炮一平七	车4平3
25. 车八平七	马7进9	**26.** 炮九退二	卒7进1
27. 马三退一	……

红如改走马三进五,则车3平8,相五退三(如马五进七,则车8进5,黑胜定),车8进5,相七进五,炮5进2,马七进九,车8平7,帅四进一,卒7平6,马九进七,将5平4,有杀对无杀,黑胜定。

| **27.** …… | 车3进2 | **28.** 车七进一 | 炮5平6 |
| **29.** 相五退三 | …… |

红如改走马七进九,则卒7平6,帅四平五,车3进2! 也是黑胜。

29.……　　　　　　　　卒7平6　　**30. 帅四平五**　　炮6平3!

黑方叫杀得车胜定。

第42局　车马冷着　先弃后取

如图42,是第12届"银荔杯"广东许银川与吉林陶汉明在第4局决赛中弈
至红方第33着后的棋局。红方针对黑方缺士象,利用车、马攻击黑将,连出妙
手,一举获胜。且看红方的精彩着法:

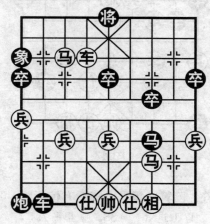

图42

33.……　　　　　　　　将5平6

黑方无子可抽,只能先避杀一步。

34. 车六平四　　将6平5　　**35. 车四平三**　　将5平6

36. 车三进二　　将6进1　　**37. 马七退五**　　将6平5

38. 马五进七　　将5平6　　**39. 车三退四!**　　……

红方退车杀卒攻马,暗藏先弃后取的手段,是迅速获胜的妙着。

39.……　　　　　　　　车2退1　　**40. 仕六进五**　　车2进1

41. 仕五退六　　车2退7

黑如改走车2退5,则仕六进五,车2平7,马七退五,将6平5,马五退三,红
亦多兵胜定。

42. 仕六进五　　车2平3　　**43. 车三退二**　　车3进4

44. 仕五进六　　炮1退2　　**45. 相三进五**

双方兵力悬殊,黑遂停钟认负。

第 43 局　　平炮催杀　捷足先登

如图 43,是"派威互动电视"象棋超级排位赛预赛广东吕钦与辽宁尚威弈至第 31 回合的棋局。

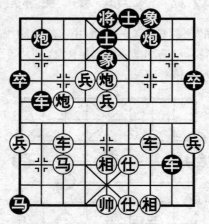

图 43

32. 炮七平六　　　　……

红方平炮催杀,佳着! 已算准黑马卧槽后有惊无险,可在对攻中捷足先登。

32. ……　　　　马 1 退 3　　33. 帅五平六　　……

红方出帅解将,正着。红方如误走炮六退四,则车 2 进 5,帅五进一,车 8 进 1,炮六平二,炮 2 进 7,黑方反败为胜。

33. ……　　　　车 2 进 5　　34. 帅六进一　　炮 2 平 3

35. 车七平八　　　　……

红如改走车三进五,也是胜势。

35. ……　　　　车 2 退 3　　36. 车三平八　　炮 3 平 2

37. 车八平七　　炮 2 平 3　　38. 马七进五　　马 3 进 1

39. 车七平八　　炮 3 平 2　　40. 马五进三　　车 8 退 2

41. 仕四进五

红方多兵得势,下一步进马卧槽,黑方难以应付,遂停钟认负。

第 44 局　　平车捉马　黑难招架

如图 44,是"派威互动电视"象棋超级排位赛预赛广州汤卓光与广东庄玉庭弈至第 34 回合的棋局。

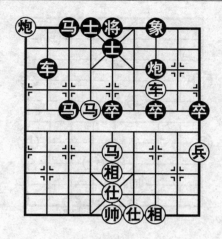

图 44

35. 车三平七！ ……

红方平车捉马是对黑方的致命一击！使黑方难以招架。

35. …… 车 2 进 7

黑如改走象 7 进 5，则马六进五，车 2 平 5，车七退一，红亦得子胜势。

36. 仕五退六	马 3 进 2	**37. 车七进三**	马 2 进 4
38. 帅五进一	车 2 退 1	**39. 车七退八**	车 2 退 8
40. 炮九退四	卒 5 进 1	**41. 马五进七**	马 4 退 2
42. 车七平八	卒 5 平 4	**43. 马七进八**	炮 7 平 2

44. 马八进六 ……

红方献马交换，使局势简化，多子胜定。

44. …… 士 5 进 4 **45. 车八进二** 士 4 退 5

46. 马六进七！

黑方再丢一子，败局已定，遂停钟认负。

第 45 局　红献中兵　算准胜定

如图 45，是"派威互动电视"象棋超级排位赛预赛福建王晓华与黑龙江聂铁文弈至第 49 回合的棋局。

50. 兵五进一 ……

红献中兵，构思巧妙！算准弃兵后可得回一子而取胜。

50. …… 炮 5 退 4

黑如改走马 5 退 7，则兵五平六，马 7 进 5，车六平八，黑亦难以应付。

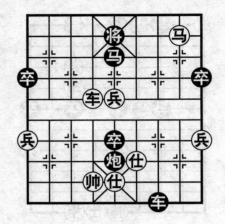

图 45

51. 车六进三　　　将 5 退 1　　52. 马二退四　　　将 5 平 6
53. 车六退一　　　车 7 退 7　　54. 车六平五　　　将 6 进 1
55. 车五退一　　　车 7 平 6　　56. 车五平九　　　……

红方保留一兵，即可稳操胜券了。

56. ……　　　　　卒 9 进 1　　57. 车九进二　　　将 6 退 1
58. 车九进一　　　将 6 进 1　　59. 车九退一　　　将 6 退 1
60. 车九退三　　　卒 5 进 1　　61. 帅六退一　　　车 6 进 4
62. 兵九进一　　　车 6 平 9　　63. 车九平四　　　将 6 平 5
64. 车四平五　　　将 5 平 6　　65. 车五退三　　　车 9 平 6
66. 帅六平五　　　卒 9 进 1　　67. 车五进三　　　卒 9 平 8
68. 兵九进一　　　卒 8 平 7　　69. 兵九平八　　　卒 7 进 1
70. 仕五进六！

至此，形成车兵双仕必胜车卒无士象的残棋，黑方放弃续弈。

第二章　经典中、残局(2)

第46局　冷箭鬼手　杀象入局

如图46,是象棋全国个人赛男子甲组吉林陶汉明与新疆薛文强弈至第16回合的棋局。黑方第16着炮4进3,目的很明确,就是要下一步炮4平9打死红车,红方怎样应对呢? 请看实战:

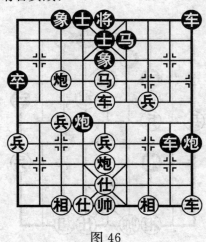

图 46

17. 马五进三！　　……

红方弈出了弃车的鬼手,突发一支令人难防的冷箭,出乎黑方所料。此着实为本局的精华！

17. ……　　　　炮4退2

黑方如走炮4平9打车,则车一进三,车8平9,车五进二！以下黑如象3进5吃车,则炮五进五,士5进4(如士5进6,则炮七平五),炮七进三红胜;黑如不飞象吃车,则难挡红方车五平七攻象的杀棋,红方胜定。

18. 炮五平七！　　马6进8

红方卸中炮,仍暗伏车五进二吃中象的杀机。黑方此时不能走炮9平5打中兵,因为红方有车五退二吃炮后形成四车会面的棋,黑方失子。

19. 相七进五　　　……

红方攻不忘守,正着。红方如误走车五进二,则炮9平5,车五退四,车8平5,黑方左车有根,红方失车败定。

19. …… 　　　　士5进6　　**20.** 后炮进一　　炮4进3

21. 前炮平八　　车9进3　　**22.** 炮七进六　　将5进1

23. 炮八进一　　车9平6　　**24.** 炮七退二　　炮4平2

25. 兵三平四

红方平兵捉车,下伏车五进二杀象入局。黑见大势已去,遂停钟认负。

第47局　弃马搏象　摧毁防线

如图47,是全国象棋个人赛男子甲组河北刘殿中与四川李艾东弈至第26
回合的棋局。

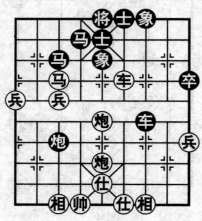

图47

27. 马七进五!　　……

红方各子占位俱佳,总攻的时机已成熟。现红弃马搏象,摧毁黑方防线,取
胜的佳着。

27. …… 　　　　象7进5

黑如改走车7平5,则马五进三,将5平4,车四平六,马3退2,炮五平六,红
方胜定。

28. 后炮进五　　将5平4　　**29.** 车四平六　　士5进4

黑如改走马3退2,则后炮退二再平六,黑亦难以应付。

30. 后炮退二　　马3退2　　**31.** 前炮退四　　车7平3

32. 兵九平八　　炮3退2

黑方弃炮换得红方双兵,实属无奈。

33. 兵八平七　　车3进4　　**34.** 帅六进一　　车3退1

35. 帅六退一	车3进1	36. 帅六进一	车3退5
37. 车六进一	车3进4	38. 帅六退一	车3进1
39. 帅六进一	车3退7	40. 车六退一	

黑方双马呆滞,已无法抵抗红方车与双炮的强大攻击,遂停钟认负。

第48局　突破防线　三子归边

如图48,是象棋全国个人赛男子甲组山东谢岿与江苏徐天红弈至红方第27着后的棋局。

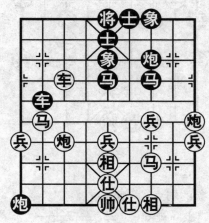

图48

| 27. …… | 马7进8! |

黑方进马强行与红进行交换,由此打开红方缺口,突破红方防线,形成车马炮三子归边的形势,最终一举攻下城池。

| 28. 马三进二 | 车2进1 | 29. 仕五进六 | …… |

红如改走帅五平六,则马五进四,红亦难应付。

| 29. …… | 马5进4 | 30. 车七进二 | …… |

红如改走车七退二,则炮7进7打相,黑速胜。

30. ……	炮7退1	31. 车七退一	车2进4
32. 帅五进一	车2退1	33. 帅五退一	马4进2
34. 帅五平六	马2进3	35. 仕六退五	车2进1
36. 帅六进一	炮1退1	37. 帅六进一	车2退9

黑退车下伏车2平4杀。红方见难以解拆,遂停钟认负。

第49局　弃炮轰象　攻城拔寨

如图49,是象棋全国个人赛男子甲组广东宗永生与云南王跃飞弈至第23回合的棋局。

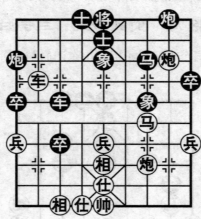

图 49

24. 车八平四　　……

红方利用黑方飞高象的弱点,实施强攻。

24. ……	士5进6	25. 兵五进一	炮8平6
26. 车四平三	士6退5	27. 炮三进三!	……

红方弃炮轰象,着法凶悍! 攻城拔寨,一举入局。

27. ……	炮6平7	28. 炮二平五	士5退6
29. 车三平九	车3平7	30. 马三进五!	

红方跃马挂角已令黑方防不胜防,黑遂停钟认负。

第50局　虎口拔牙　巧谋一炮

如图50,是象棋全国个人赛男子甲组杭州陈寒峰与上海胡荣华弈至红方第22着后的棋局。

22. ……　　　　　车4进1!

黑方车进炮口捉炮,虎口拔牙,巧得一子,形成多子的胜势,真是精彩至极!

23. 炮四平九　　……

红方如改走炮三平六打车,则黑方马7进6踩车后,双马捉双炮,红亦必丢一子。

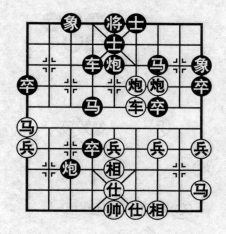

图 50

23. ……	车 4 平 7	24. 车四平六	车 7 平 1
25. 车六平七	炮 3 平 1	26. 车七进四	士 5 退 4
27. 马九进七	士 6 进 5	28. 马七退六	车 9 平 2

黑方巧得红子后,挟多子之利,向红方空虚的左翼发动攻击,令红方难以招架。

29. 车七退九	马 7 进 5	30. 马六进七	马 5 进 6
31. 兵五进一	炮 1 进 1	32. 仕五进四	炮 1 平 6
33. 马七退六	马 6 进 5	34. 仕四进五	马 5 退 4

红方少子缺相失势,难以抵挡黑方车、马及双炮的强大攻势,遂停钟认负。

第 51 局 逼车移位 整活全局

如图 51,是象棋全国个人赛男子甲组天津张申宏与江苏徐超弈至红方第 15 着的棋局。

15. …… 象 5 进 7!

黑方飞象打车,逼红车移位,有利于己方攻击,是入局的佳着。

16. 车三进一 炮 7 进 5 17. 马三退一 ……

红如改走相三进一,则马 6 进 8,车三平六,马 8 进 7,帅五进一,炮 7 平 8,黑方胜势。

17. ……	车 8 进 8	18. 炮五平四	马 6 进 4
19. 炮四平六	车 8 平 4	20. 车三退二	车 4 退 1
21. 车八进一	……		

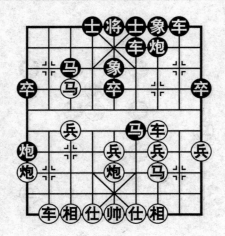

图 51

红方弃炮防守实属无奈,如改走车八进三,则车 4 平 6,黑方胜定。

| 21. …… | 车 4 平 1 | 22. 车八平六 | 马 4 进 2 |

| 23. 车六进六 | 马 2 进 3 | 24. 车三退二 | 车 1 平 6 |

| 25. 车六平七 | …… |

红如改走仕四进五,则马 3 退 4,仕五进六,前车进 2,帅五进一,后车平 2,车三进八,炮 1 进 1,红方难以解脱黑方车 2 进 7 的杀着,黑胜。

| 25. …… | 前车进 2 | 26. 帅五进一 | 前车平 4 |

| 27. 车七平五 | 士 4 进 5 | 28. 相三进五 | 车 4 平 5 |

献车成杀,黑胜。以下红方如接走帅五平六(如帅五退一,则炮 1 进 3,马后炮杀),则马 3 退 2,帅六进一,炮 1 进 1,马后炮杀,黑胜。

第 52 局 弃马抢杀 一举获胜

如图 52,是全国象棋个人赛男子乙组安徽申鹏与邮电李家华弈至第 28 回合的棋局。红方利用双车、双马占位好的有利形势,向黑方展开猛烈攻击,一举获胜。着法紧凑、精彩。请看实战:

29. 马六进四   ……

凶狠之着,下一步有车四平五杀中士的杀着。

29. ……   车 1 退 1

退车守士系无奈之着。

30. 马七进五   ……

红如直接走马四进五,则马 5 退 7,红方反而麻烦。

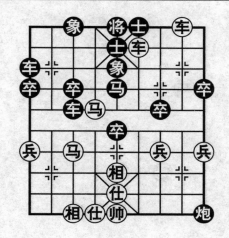

图 52

30. ……	车 3 平 5	31. 车二平四！	士 5 退 6
32. 车四平九	车 5 平 6	33. 车九平六	士 6 进 5
34. 车六平五	将 5 平 6		

黑如改走将 5 平 4,则马四进三,车 6 平 5,车五进一,将 4 进 1,马三退五,黑亦难以应付。

35. 车五平六	炮 9 平 8	36. 车六进一	将 6 进 1
37. 车六退三	车 6 平 5	38. 车六进二	将 6 退 1
39. 车六进一	将 6 进 1	40. 车六平二	炮 8 平 9
41. 车二平三			

至此,红方伏有马五进三踩卒叫杀,黑方见无法解救,遂停钟认负。

第 53 局 一着不慎 满盘皆输

如图 53,是全国象棋个人赛男子甲组火车头于幼华与吉林陶汉明弈至红方第 31 着后的棋局。双方子力完全相同,只是红方车、马、炮占位较佳,富有强烈的攻击性,黑方稍有不慎都可能招致失败。请看实战:

31. ……　　　　马 3 退 4?

劣着。黑方应走士 5 进 6,红如炮一退一,则车 6 平 4,红如车八平六,则车 6 平 9,加强防守,有望成和。

32. 炮一退一　　　士 5 进 6

黑如改走马 4 进 2,则炮一平五,马 2 进 3,帅五平六,车 6 进 2(如马 3 退 4,则马四进六,炮 4 进 1,车八进三杀,红胜),车八平四,马 3 退 4,炮五平六,马 4

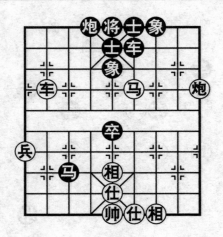

图 53

退2,炮六平九,马2进3,帅六平五,马3退1,车四平七,红方胜定。

33. 炮一平五　　　象5退3

黑如改走士6进5,则马四进六,将5平6,炮五平四,士5进4,车八进二,红胜势 。

34. 马四退五　　　象7进9　　35. 车八平六　　　车6平1

黑如改走马4进2,则车六平五,车6平5,炮五进三,马2进3,帅五平六,士6进5,车五平七,红胜定。

36. 车六退二　　　车1进5　　37. 马五退四

黑方少子失势,遂停钟认负。

第54局　　弃炮轰卒　　构思精妙

如图54,是全国象棋个人赛男子甲组上海浦东董旭彬与黑龙江聂铁文弈至第18回合的棋局。

19. 马九进七　　　……

红方进马后炮攻黑马是一着扩大先手的好棋。

19. ……　　　　炮2平3

黑方平炮兑马失象已属无奈,如改走马3退4,则马七进六,黑难以应付。

20. 炮七进六　　　炮3进6　　21. 炮七平五　　　将5平4

22. 炮一进四!　　　……

红方弃炮轰边卒,构思精妙,耐人寻味! 红方由此打开进攻黑方的缺口。

22. ……　　　　马7进9　　23. 炮五平一　　　炮4平7

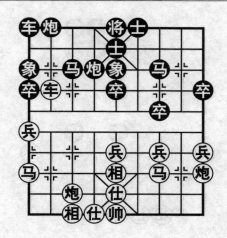

图 54

24. 兵三进一　　炮 7 退 2

黑如改走卒 7 进 1，则车八平五，卒 7 进 1，车五平一，卒 7 进 1，车一平六，将 4 平 5，炮一进二，炮 7 退 2，车六平三，炮 7 平 8，车三进二，炮 8 进 2，炮一平二，红胜势。

25. 炮一进二　　象 1 退 3　　26. 车八平五　　马 9 退 7
27. 车五平七　　卒 7 进 1

黑弃炮进卒制马，以暂解燃眉之急。黑方如改走炮 3 平 2，则兵三进一，黑全盘受制。

28. 车七退三　　卒 7 进 1　　29. 马三退四　　象 3 进 5
30. 兵五进一　　马 7 进 8　　31. 马四进二　　卒 7 进 1
32. 马二进三　　马 8 进 7　　33. 车七平三　　车 1 平 2
34. 兵五进一　　车 2 进 3　　35. 炮一退五　　卒 7 平 8
36. 炮一平五　　士 5 进 4　　37. 炮五进三　　炮 7 平 3
38. 炮五退一　　炮 7 平 9　　39. 车三平四　　士 6 进 5
40. 车四平二　　卒 8 平 7　　41. 车二进六　　将 4 进 1
42. 车二平一

以下黑如接走炮 9 平 8，则车一退三，黑必失炮，红胜。

第 55 局　　扬士随手　　失子致败

如图 55，是象棋全国个人赛男子甲组厦门郑一泓与深圳金波弈至红方第 23 着后的棋局。

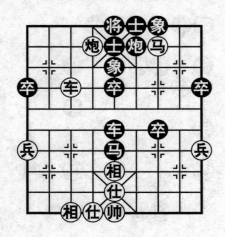

图 55

23.…… 士 5 进 6

黑方扬士败着,由此失子。应改走车 5 平 6,有望成和。

24. 车七平八	卒 7 进 1	**25.** 车八进三	将 5 进 1
26. 炮六平九	将 5 平 4	**27.** 炮九平四	……

红方得子,胜局已定。

27.……	车 5 平 8	**28.** 车八退一	将 4 退 1
29. 车八退五	将 4 进 1	**30.** 车八平五	将 4 平 5
31. 车五进三	将 5 平 6	**32.** 车五进一	卒 7 进 1
33. 车五退一	卒 7 进 1	**34.** 车五平一	卒 1 进 1

35. 车一进二

红胜定。

第 56 局　着法犀利　入局精彩

如图 56,是象棋全国个人赛男子甲组湖南谢业枧与农协柯善林弈至第 29 回合的棋局。

30. 兵五进一!　……

显而易见,红车吃掉黑方边炮,多子占优。现红车不吃炮而径直走兵五进一强攻,着法犀利,入局精彩,展示了谢业枧运子攻杀的技巧。请欣赏实战:

30.…… 炮 1 退 1 **31.** 马七进五!　……

红方弃马踏象,是兵五进一强攻的续着,有胆有识,由此打开黑方缺口,一举获胜。

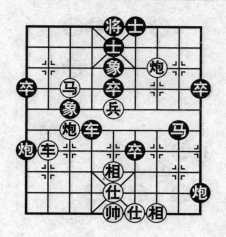

图 56

31.……　　　　　**士 5 进 6**

黑方扬士实属无奈,如改走象 3 退 5,则兵五进一,将 5 平 4(如士 5 退 4,则炮七进五,士 4 进 5,炮三进二杀! 又如走士 5 进 6,则车八进六,车 4 退 5,炮三进二,士 6 进 5,炮三平六,红得车胜定),车八进六,将 4 进 1,车八退一,将 4 退 1,炮三进二,红胜。

32. 车八进六　　　**将 5 进 1**　　**33. 车八退一**　　　**将 5 退 1**

34. 马五进七　　　**将 5 平 4**

黑如改走将 5 进 1(如车 4 退 4,则炮七平五杀),则马七退六,将 5 退 1,车八进一,杀。

35. 车八进一　　　**将 4 进 1**　　**36. 炮七平八**

黑无法解拆红方的杀着,遂停钟认负。

第57局　炮轰中兵　锁定胜局

如图 57,是象棋全国个人赛女子组吉林龚勤与黑龙江郭莉萍弈至第 20 回合的棋局。红方的局势可以说是山雨欲来风满楼,危机四伏。虽苦苦支撑,终难免一败。请看实战:

21. 车九退一　　　　　**……**

红如改走车九进一(红如马五退七,则黑马 2 进 3,伏车 4 平 5 杀,直接炮 5 进 5 亦杀),则炮 5 进 4! 马七进五(如车九平八,则马 2 进 4,杀),车 4 平 5,仕六进五,炮 2 进 1,仕五退六,马 2 进 3,黑胜。

21.……　　　　　**将 5 平 4!**

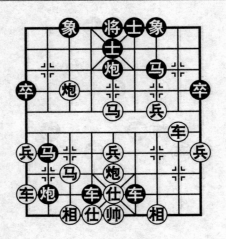

图 57

黑方御驾亲征,构思巧妙。在激烈的攻杀中黑方尚能想到利用老将助战,实属不易。

22. 炮七退三   炮 5 进 4!

黑方炮轰中兵,锁定胜局。红如接走马七进五,则车 4 平 5,仕六进五,马 2 进 3 杀。

23. 马五退六   车 4 退 2

黑下伏车 4 进 3,马七退六,马 2 进 3 的杀着,红无法解脱,遂停钟认负。

第 58 局 献马解闷 弃车绝胜

如图 58,是象棋全国个人赛女子组四川章文彤与江苏张国凤弈至红方第 16 着后的棋局。

16. ……   马 3 进 2!

黑方献马解闷宫,是一步阴冷之着,非红方所料。黑方由此展开了猛烈的进攻,迅速攻破城池,入局异常精彩。请看实战:

17. 马九退八   将 5 平 6   18. 炮八进三   车 3 平 4!

19. 相七进九   ……

红如改走炮八平六,则前车退 3,车三平六(如相七进九,则后车平 6 杀),车 4 平 6,杀,黑胜。

19. ……   前车退 3!   20. 兵七进一   后车平 6

弃车绝杀,黑胜。

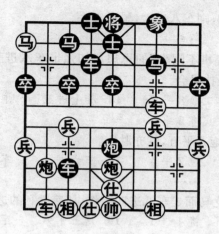

图 58

第59局　不慎失子　难挽败局

如图59,是象棋全国个人赛男子乙组云南廖二平与重庆许文学弈至红方第
11着后的棋局。红方一炮镇中,一炮牵制黑方车马,双车占位极佳。黑方虽不
少子,但各子呆滞,不利于防守,显然处于下风。

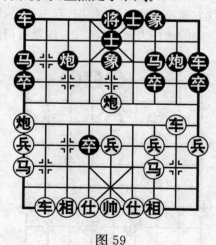

图 59

11. ……　　　　　　　马7进5

进马导致失子。黑方如改走炮3退2,则车二进二,卒9进1,车二平三,炮8
退1,车三平九,黑亦难应付。

12. 炮九进三　　　　马5进3

黑如改走车 1 进 2,则车八进六,黑马必丢。

13. 仕六进五　　……

红方补仕,贯彻"赢棋不闹事"的思想。如强走车八进五,则炮 3 进 7,仕六进五,马 3 退 4,黑有反扑机会。

13. ……　　　　　　炮 8 平 7　　14. 相七进五　　炮 3 平 2

15. 车八进五　　　　将 5 平 4

黑如马 3 退 5,则炮九平五,红亦胜定。

16. 车二平六　　　　炮 2 平 4　　17. 车六进二　　车 1 进 2

18. 车八进四!　　　……

红不走车八平七吃马而走车八进四叫将,加速胜利的进程。

18. ……　　　　　　将 4 进 1　　19. 炮五平六　　卒 1 进 1

20. 兵三进一

因红方有多种攻击手段,故黑方停钟认负。以下红方如不走兵三进一而改走车六平九叫将抽车,则胜得也很爽快。

第 60 局　双车胁士　杀着纷呈

如图 60,是全国象棋个人赛男子乙组大连卜凤波与南方棋院朱琮思弈至红方第 17 着后的棋局。红方炮镇中路,马控将门,且多一子,明显占优。但红方双仕全无,黑方双车炮有一定的杀伤力,红方稍有失误就有可能招致失败。以下变化如何,请看实战:

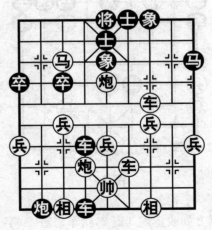

图 60

17. ……   炮2退6

黑如改走前车平5，则帅五平六，车4平3，炮六平七，车5平7，相七进九，黑无杀棋；再如走后车平5，则相七平五，车5退3（若车5平3，则车三平六，车3进2，炮六退一，车4退1，车六退四，炮2退1，车四进一，炮2平4，车四平六，红胜），车三平八（如车5平4，则帅五平四，前车退2，车八进四，后车退3，马七进六，红胜定），车4退2，马七退五，红方优势。

18. 炮五退二   后车平5   **19. 帅五平四**   车5退1

20. 车三平四   炮2退3   **21. 马七进八**   车5平4

黑平车实属无奈。黑如改走车5平7，则前车进四，士5退6，车四进七，将5进1，马八退七，将5平4，车四平六，红弃车杀。

22. 马八退七

以下黑方只能后车退3，红炮六平五胜。

第61局　战术精妙　巧打双车

如图61，是象棋全国个人赛男子甲组江苏徐天红与上海孙勇征弈至第24回合的棋局。

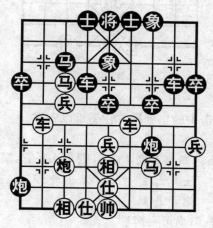

图61

25. 炮七平八！   炮1平3

红方炮七平八是阴冷之着，暗藏杀机。黑方炮1平3，警惕性不高，未察出红方企图。红方实施最后的攻击，着法异常精彩。请看实战：

26. 车四退一   炮7退1   **27. 车八平四！**   士4进5

28. 炮八进四！   ……

红以漂亮的战术组合,巧打黑方双车,为赢得胜利打下基础。

28. ……	炮 3 退 2	29. 后车退一	车 4 平 3
30. 兵七进一	车 8 平 3	31. 前车进二	

红胜定。

第 62 局　马踏中象　一击中的

如图 62,是第 22 届"五羊杯"全国象棋冠军赛河北刘殿中与黑龙江赵国荣弈至第 22 回合的棋局。

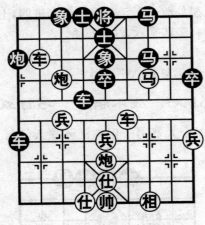

图 62

23. 马三进五!　……

红方弃马踏象,一击中的! 令黑方顿感难以支撑。

23. ……　　　　　炮 1 平 5

黑方此着实属无奈。如改走象 3 进 5,则车八平五,黑势立即崩溃。

24. 车八平七	士 5 进 4	25. 炮七进三	士 4 进 5
26. 车七退一	炮 5 进 4		

黑方应改走车 4 平 6,尚可一搏!

27. 炮七平八	将 5 平 4	28. 车七进三	将 4 进 1
29. 兵七进一	车 4 平 7	30. 炮八平三	马 7 进 6
31. 相三进一	士 5 进 6	32. 车七退一	将 4 退 1

33. 车四平八

红方形成绝杀之势,黑方遂停钟认负。

第63局 不愿待毙 只得死拼

如图63,是第22届"五羊杯"全国象棋冠军赛广东吕钦与湖北柳大华弈至第16回合的棋局。

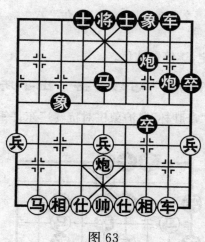

图63

17. 车二进五! ......

红方不急于吃死子,而是进车压缩黑方无根车炮的活动空间,战略眼光远大,是获胜的关键之着。

17. ...... 炮7平5

黑如改走炮7进7,则仕四进五,象3退5,炮五进四,士6进5,马八进七,红亦胜势。

18. 炮五进四 炮5进4

黑方不愿坐以待毙,只有拼死一搏!

19. 马八进七 炮5退1 **20. 马七进八** ......

正着。红方如改走马七进六,则黑车8进2,马六进七,将5进1,红方攻势受阻。

20. ...... 车8进2 **21. 马八退六** 象3退1

22. 马六退四 卒7平6 **23. 马四进五** ......

红方以马换炮后,算定可以擒得黑炮,稳获胜券。

23. ...... 卒6平5 **24. 兵一进一** ......

红方进兵防止黑方卒9进1,细腻之着。

24. ...... 卒5进1 **25. 仕四进五** 卒5平6

26. 相七进五　　　象 1 退 3　　　**27.** 炮五退二　　　车 8 平 6

黑平车弃炮,无奈之着。

28. 车二进一　　　车 6 进 3　　　**29.** 车二平五　　　士 6 进 5

30. 炮五进一　　　车 6 平 5　　　**31.** 兵九进一　　　卒 6 平 7

32. 兵九进一　　　卒 7 进 1　　　**33.** 兵九平八　　　象 3 进 1

34. 相五进三

黑方少子,败局已定,遂停钟认负。

第 64 局　巧妙一击　出乎所料

如图 64,是第 3 届"奇胜杯"粤沪象棋对抗赛广东许银川与上海胡荣华弈至第 23 回合的棋局。

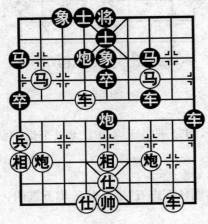

图 64

24. 马三进五　　　……

红方马踏中象,巧妙一击,出乎黑方意料,是迅速扩大优势的精彩之着。

24. ……　　　　　象 3 进 5

黑如改走车 7 平 4,则马五进三,将 5 平 6,马八退六,红方大占优势。

25. 马八进七!　　　将 5 平 6

黑如改走马 1 退 3,则炮八进七,象 5 退 3,车六平三,红方得车胜定。

26. 车二平四　　　炮 5 平 6　　　**27.** 炮三平四!　　　士 5 进 6

28. 马七退五　　　将 6 平 5　　　**29.** 车六平三　　　炮 6 进 4

30. 仕五退四　　　马 7 进 9

以上数着,红方妙着连连。经过一番交战,红方赚得黑方双象,扩大了优势。

31. 车三平六　　　士4进5　　**32.** 车六平七　　　车9平4

33. 仕四进五　　　马9进8　　**34.** 相五进三　　　炮4进2

黑方进炮,力争最后一搏。黑方如改走车4平7,则车七进四,炮4退2,车七平九,红亦胜势。

35. 车七进四　　　士5退4

黑如改走炮4退4,则车七退二,黑亦难应付。

36. 车七平六　　　将5进1　　**37.** 炮八平五　　　炮4退2

38. 车六平九　　　马1进3　　**39.** 车九退一　　　将5退1

40. 马五进四　　　车4平5　　**41.** 车九进一　　　炮4退2

42. 马四退三　　　马3进4　　**43.** 车九退二　　　士6退5

44. 车九平五　　　炮4进2　　**45.** 马三进五　　　炮4退1

46. 马五进三

黑如接走将5平4,则马三退四,红方胜定。

第 65 局　　运子巧妙　黑难抵抗

如图65,是"派威互动电视"象棋超级排位赛第一站比赛广东许银川与黑龙江赵国荣弈至第15回合的棋局。

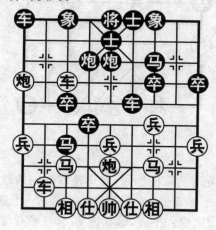

图 65

16. 炮九平八　　　……

红方平炮伏沉底叫"将"取势的手段,黑方不能车1平2阻挡,否则炮八平三要杀,红方得车胜定。此着使黑方为难,红方由此扩大了先手。

16. ……　　　　炮4退2　　**17.** 车七平三　　　炮5进5

18. 相三进五　　　　车 1 进 2　　**19.** 兵三进一　　　　车 6 平 5

20. 马三进四　　　　卒 4 平 5　　**21.** 兵五进一　　　　车 5 进 1

22. 马四进二　　　　马 7 退 9

黑方退马,无奈之着。黑方如改走马 7 进 5,则马二退三,车 5 退 1,兵三平四,红方得子。

23. 仕六进五　　　　车 5 退 1　　**24.** 马二退三　　　　车 1 平 7

25. 车八进二　　　　车 7 进 1　　**26.** 兵三进一

黑方超时判负。否则,因黑马无好路可逃,黑方也难与红方抗衡。

第 66 局　　弃马踏士　　入局妙着

如图 66,是第 13 届"银荔杯"象棋争霸赛上海孙勇征与上海万春林弈至第 40 回合的棋局。

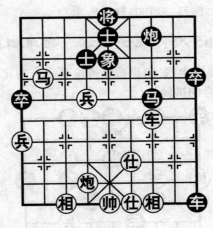

图 66

41. 马八进六!　　　　……

红方弃马踏士,伏先弃后取的手段,是迅速取胜的妙着。

41. ……　　　　　　士 5 进 4　　**42.** 车三进一　　　　炮 7 进 8

黑如改走炮 7 平 5,则炮六平五,炮 5 进 7,车三平五,红亦胜势。

43. 帅五进一　　　　炮 7 平 3　　**44.** 车三平五　　　　炮 3 退 8

45. 车五进二　　　　炮 3 平 5　　**46.** 车五平六　　　　将 5 平 6

47. 车六进二　　　　将 6 进 1　　**48.** 车六退一

红方得子胜定。

第67局　左右逢源　绝杀制胜

如图67,是"派威互动电视"象棋超级排位赛第三站比赛云南王跃飞与大连卜凤波弈至第41回合的棋局。观枰面,红方多子处于优势,怎样才能迅速取胜呢? 请看实战:

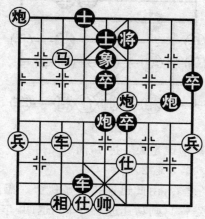

图 67

42. 车七平三　……

佳着。顿使黑方难以应付。

42. ……　炮8平7　43. 马七退五　……

红方如车三平二则攻势更加锐利。

43. ……　车4退5　44. 炮九退一　将6退1

黑如改走士5进4,则马五退四,红亦胜势。

45. 马五进三　将6平5　46. 炮四平五

黑方难解被杀之势,遂停钟认负。

第68局　弱点被抓　进退维谷

如图68,是第13届"银荔杯"象棋争霸赛广东吕钦与火车头金波弈至第15回合的棋局。

16. 炮五进四!　……

红方抓住黑方窝心马的弱点,挥炮巧击中卒,令黑方顿感进退维谷。此时黑方不能车3进2吃炮,否则帅五平六,绝杀。

16. ……　马6进4

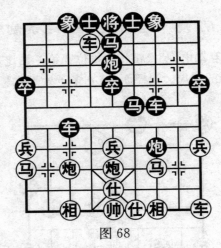

图 68

黑方进马捉炮,失算,应改走象3进1,尚可支持。

17. 相三进五   车3退2

红方飞相捉车,精巧之着,由此迅速扩大了优势。黑如改走车3平2,则兵九进一,车2退2(如车2平1,则马九进七),车六退四,车2平5,帅五平六,马5进7,车六进五,将5进1,车一平二,车7平8,车二进五,马7进8,马九进八,红亦大占优势;再如走车3进2,则车六退四,象3进1,帅五平六,车3退7,车一平二,红亦胜势。

18. 炮七进七   车3退3   19. 车六退四   车7退1

黑如改走车7平5,则车六平五,车5进1,兵五进一,车3进3,兵五进一,车3进1,车一平二,车3平5,车二进六,红亦胜势。

20. 车六进二   车7平6   21. 车一平二   炮7退3

22. 车二进六   炮7平5

黑如改走车6进6,则帅五平四,炮7平4,车二退一再车二平四绝杀。

23. 车二平四   前炮进4   24. 相七进五   炮5进5

25. 仕五退六   马5进6   26. 车六平四

黑如接走车3进7,则马九退八,车3进1(如车3平2,则车四退四),车四平八,红方多子胜定。

第69局   明为得子   实赚中卒

如图69,是第13届"银荔杯"象棋争霸赛上海孙勇征与吉林陶汉明弈至红方第29着的棋局。

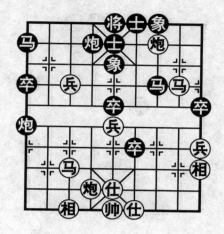

图 69

29. ……　　　　　　士 5 进 6

黑如改走炮 4 进 5,则炮三平一,黑难以应付。

30. 炮六平九　　　　　……

红平炮明捉黑方边马而得子,实则炮打黑方边卒捉黑 7 路马,逼黑逃马后赚得中卒,为取胜积攒了物质力量,着法准确和细腻。

30. ……	炮 4 进 3	**31. 炮九进五**	马 7 进 6
32. 兵五进一	炮 4 退 2	**33. 兵七平六**	炮 4 平 2
34. 兵六进一	马 1 进 2	**35. 兵六进一**	炮 1 进 4
36. 仕五退六	马 2 进 3	**37. 炮三退一**	

红方退炮,演成巧妙绝杀。

第70局　退炮骑河　双重威胁

如图 70,是第 2 届 BGN 世界象棋挑战赛预赛江苏徐天红与云南王跃飞弈至第 40 回合的棋局。

41. 马三进四　　　　……

红方以马兑炮,进炮叫将,逼使黑将高悬,有利以后马炮兵联手进攻,是获胜的关键之着。

41. ……	将 5 平 6	**42. 炮二进八**	将 6 进 1
43. 兵五进一	马 3 进 4	**44. 仕五进四**	士 6 进 5

黑如改走前马进 3,则红可先马三退四,再炮二退三,红方胜定。

45. 炮二退三!　　　　……

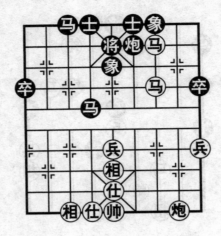

图 70

红方退炮骑河,伏有兵五进一强渡和炮二平四催杀的双重手段,黑方难以兼顾。

45. ……	前马进3	**46.** 马三退四	象5退3
47. 炮二平四	将6平5	**48.** 炮四退二	马3进4
49. 马四进三	将5平6	**50.** 仕四退五	前马退3
51. 相五进七			

黑方看到红方伏有马三退二,将6退1,马二退四,士5进6,马四退五的得子手段,黑如马3退1逃马,红则炮四退二,将6退1,马三退四,士5进6,马四进六,红亦得子,遂停钟认负。

第 71 局 弃马运炮 构思巧妙

如图71,是第2届BGN世界象棋挑战赛预赛深圳金波与广东汤卓光弈至第19回合的棋局。黑方第19着炮9退2意图得子,却忽视了红方有弃子攻杀的手段。但黑如改走马8进9,则红车五平九,马9进8,车九进三,士5退4,马八退六,马2进4,炮六进六,士6进5,马六进七,马8进9,炮六退六,将5平6,车九退四,也是红方优势。

20. 炮六进三   ……

黑方退炮的失误铸成了红方弃马攻杀的机会,加快溃败的速度。红方升炮,目的是平中后再车五平七催杀,黑方右翼空虚,难以抵挡红方的攻击。

20. ……	卒7进1	**21.** 炮六平五	车8退3
22. 兵五进一	卒7进1	**23.** 车五平七	车8平5

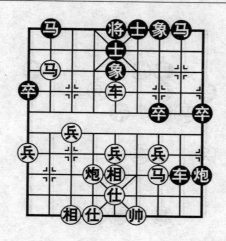

71

黑如改走将 5 平 4,则车七平六,将 4 平 5,车五平九,将 5 平 4(如卒 7 进 1,则车九进三,车 8 进 5,相五退三,车 8 平 7,帅四进一,形成有杀对无杀的局面,红胜),车九进三,象 5 退 3,马八进七,再车九平八,形成绝杀,红胜。

24. 兵五进一　　　　卒 7 进 1　　25. 车七平九

黑方右马难逃厄运,遂停钟认负。

第72局　兑子赚象　慢取"荆州"

如图 72,是第 2 届 BGN 世界象棋挑战赛预赛上海万春林与广东宗永生弈至第 24 回合的棋局。枰面上,红兵过河,右炮沉底,中炮镇中,明显处于优势。但黑方严阵以待,防线似很坚固,红方怎样突破黑方的防线呢? 请看实战:

25. 炮二退三　　　　……

红方底炮暂时不能成势,现退炮转攻黑方右翼,运子相当灵活。

25. ……	车 9 平 7	**26. 炮二平七**	车 7 进 3
27. 马八进七	炮 3 退 2	**28. 炮七进三**	象 5 退 3
29. 车六进四	……		

局势的发展全在红方的意料之中,红借兑子之机赚得一象,敲开了胜利的大门。

29. ……	炮 3 进 3	**30. 车六平二**	车 7 平 5

黑如改走炮 3 平 5,则车二进二,士 5 退 6,车二退四,红亦大占优势。

31. 车二退二	炮 3 退 1	**32. 炮五进三**	士 5 退 6
33. 炮五进一	炮 3 进 2	**34. 炮五平一**	

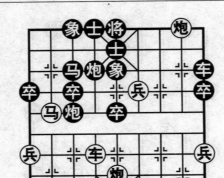

图 72

黑方缺象少卒,败局已定,遂停钟认负。

第73局　勇弃三兵　退炮阻道

如图73,是第2届 BGN 世界象棋挑战赛四分之一决赛吉林陶汉明与湖北柳大华弈至第37回合的棋局。红炮镇中,七路车、炮控制黑马且多双兵,明显占有优势。红方如何扩大优势呢? 请看实战:

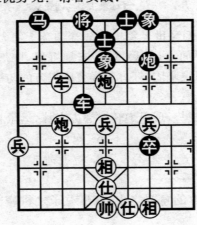

图 73

38. 兵三进一　　　……

红方硬冲兵过河,紧凑有力,令黑方左右为难,进退维谷。

38. ……　　　车4平7

黑如改走马 2 进 1，则车七平九，象 5 退 3(如车 4 平 7，则车九平六，士 5 进 4，炮七平六，红胜势)，兵三进一，炮 7 平 9，炮七退二，黑亦难以应付。

39. 车七平六　　　　**将 4 平 5**　　**40. 炮五退一**　　　　**……**

红退炮阻断了黑车右移的通道，令黑方防不胜防。

40. ……　　　　　　**炮 7 平 9**

速败之着。应改走卒 7 平 8 为车腾路。

41. 炮七进一

黑如接走车 7 退 3，则炮七进四，马 2 进 3，帅五平六，绝杀红胜。

第74局　明似防槽　暗藏杀机

如图 74，是"派威互动电视"象棋超级排位赛第 2 站比赛广东许银川与沈阳苗永鹏弈至第 34 回合的棋局。

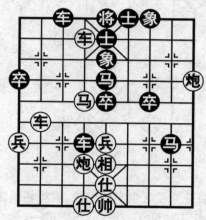

图 74

35. 炮一平三　　　　　**……**

红方平炮看似防止黑马卧槽，实则伏有马六进五，车 4 退 5，马五进三再炮三进三的杀着，是攻守兼备之着。

35. ……　　　　　**士 5 进 6**　　**36. 车六退二**　　**马 8 退 9**

37. 马六进八　　　　**车 4 退 3**　　**38. 炮三平六**　　**……**

双方兑掉一车后，红多一子，已稳操胜券。

38. ……　　　　　　**车 3 进 3**　　**39. 马八退七**　　**车 3 退 3**

40. 后炮平九　　　　**卒 5 进 1**　　**41. 兵五进一**　　**马 5 进 6**

42. 炮九平七　　　　**车 3 平 4**　　**43. 车八退一**　　**士 6 进 5**

44. 车八平四	卒 7 进 1	45. 炮七平六	车 4 平 3
46. 前炮退二	马 6 退 7	47. 车四进三	车 3 进 4
48. 后炮平七	车 3 平 4	49. 炮六平三	

红方多子胜定,黑遂停钟认负。

第 75 局　炮击中卒　一招制胜

如图 75,是"派威互动电视"象棋超级排位赛第 2 站比赛湖北柳大华与火车头金波弈至第 21 回合的棋局。

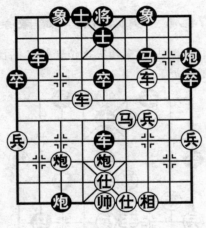

图 75

22. 帅五平六　　　……

红方出帅,下伏马四进五硬吃中卒的手段,攻势相当凶狠。红方如直接走马四进五,则黑车 5 退 3,车三平五,马 7 进 5,车六进一,炮 9 平 5,红无便宜可占。

22. ……　　　将 5 平 6　　23. 炮五进四　　……

红方炮击中卒,凶狠之着,伏炮七平四叫将,令黑方难以应付。

23. ……　　　马 7 进 5
24. 车三进三　　将 6 进 1　　25. 炮七平四

以下黑如接走炮 9 平 6,则马四进五,炮 6 平 5,马五退四,炮 5 平 6,马四进三,炮 6 平 7,车六平四,士 5 进 6,车四进二,红方胜定。

第 76 局　联合作战　捷足先登

如图 76,是"派威互动电视"象棋超级排位赛第 2 站争夺进入八强江苏徐天红与大连卜凤波弈至第 31 回合的棋局。红方虽多一子,但老帅高悬,黑中卒再进一步就威胁到老帅的安全。但红方利用车马炮联合作战，捷足先登。请看实战：

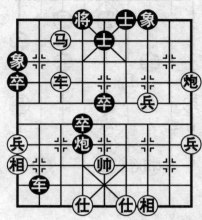

图 76

32. 马七退九	车2退6	33. 车七进三	将4进1
34. 马九进八	炮4平2	35. 车七退一	将4退1

黑如改走将4进1，则车七退二兑掉车，红亦多子胜定。

36. 马八退七	卒5进1	37. 帅五退一	士5进4
38. 车七进一	将4进1	39. 车七平六	将4平5
40. 车六退二	炮2进3	41. 车六平四	将5平4

黑方如改走将5退1，则红炮1进3形成绝杀。

42. 帅五平四	士6进5	43. 车四平二	车2进6
44. 仕四进五	车2退5	45. 炮一进二	士5退6
46. 车二平四	车2平8	47. 车四进二	将4进1
48. 马七退六	将4退1	49. 车四退一	

黑如接走将4进1（如将4退1，则马六进七，将4平5，车四进一杀），则马六进四，将4平5，马四进三，车8进5，帅四进一，车8退7，车四平八，将5平4，马三退四，将4平5，车八退一杀。

第 77 局　卸炮攻马　选点准确

如图77，是"派威互动电视"象棋超级排位赛第3站比赛云南王跃飞与大连卜凤波弈至红方第21着后的棋局。红方车炮有抽将之势，红马跃出，下一着有马六进五的凶着，黑方如何应对呢？请看实战：

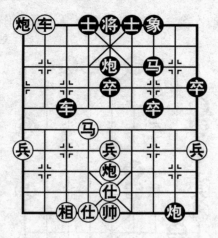

图 77

21. ……	炮 8 退 8		

黑方退炮防守是当前最顽强的一着,如改走车 3 平 1,则马六进七,车 1 退 3,马七进八,下一着马八进六踏士(如黑先士 6 进 5,则车八平六杀),黑败定。

22. 炮五平三   ……

红方卸炮攻马,攻击点十分准确,令黑方左右为难。

22. ……   将 5 进 1

黑方弃马,力争一搏,如改走马 7 退 5(如炮 5 进 4,则相七进五),则马六进五,红方大占优势。

23. 炮三进五	车 3 平 4	24. 马六退七	卒 7 进 1
25. 炮三进一	将 5 平 6	26. 炮九退一	车 4 平 3
27. 马七进六	炮 5 进 4	28. 仕五进四	……

红方扬仕解将,正着。如误走相七进五,则车 3 平 8,黑方反败为胜。

28. ……	车 3 平 4	29. 马六进八	炮 8 进 3
30. 车八退一	士 6 进 5		

黑如改走将 5 进 1,则马八进七,红方捷足先登。

31. 炮三退三   ……

红方退炮精巧之着,起到了很好的阻隔作用。

31. ……   将 6 退 1

黑方如走车 4 平 7,则马八进七,车 7 平 5,车八平五,将 6 退 1(如将 6 进 1,则炮九退一),炮九进一,士 4 进 5,马七进六,红胜。

32. 马八进七	车 4 退 2	33. 车八退五	炮 5 退 1

34. 炮九进一	将6进1	35. 炮九退一	将6退1
36. 车八平七	象7进5	37. 炮三平四	卒7平6
38. 炮九进一	将6进1	39. 炮九退二	车4进6
40. 炮九进一	将6退1	41. 炮九进一	将6进1
42. 车七平三	……		

红方左车右移,形成四子联攻之势,已是胜券在握了。

42. ……	炮8平7	43. 马七退五	……

红如改走车三平二,黑亦难以应付。

43. ……	车4退5	44. 炮九退一	将6退1
45. 马五进三	将6平5	46. 炮四平五	

黑如车4平1,则红车三平二,形成绝杀。

第78局　"二字车"狠　黑防守难

如图78,是"派威互动电视"象棋超级排位赛第3站比赛云南王跃飞与广东许银川弈至第39回合的棋局。红方一炮镇中,一炮锁住黑车,双车又线路通畅,黑马虽可卧槽,但对红方构不成威胁,红方已明显占优。怎样把优势转化成胜势呢?请看实战:

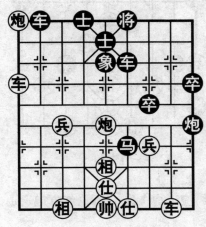

图78

40. 车九平三 ……

红方左车右移,攻击点十分准确,可谓一击中的!红方如改走车二进九,则象5退7,黑方有解杀还杀的手段,红方反而麻烦。

40. ……	炮9进4	41. 相五退三	炮9平7

42. 车二平三　　　象 5 退 3

黑如改走车 2 平 1 去炮,则后车平二,将 6 平 5,车二进九,车 6 退 2,车三进三,马 6 退 5,炮五进三,士 5 进 6,车三平四,黑丢车失势,红胜定。

43. 炮五退二　　车 2 进 9　　**44.** 炮五平四　　……

红方不如改走车三进三更为紧凑有力,入局也更加精彩。此时黑方只有将 6 进 1,则炮五平四,下一着有后车平二绝杀,黑无法解脱。

44. ……　　　　　将 6 平 5

45. 炮四进五　　车 2 平 3　　**46.** 仕五退六

黑方车马无杀着且净少一车,遂停钟认负。

第 79 局　　本应逃象　贪炮致败

如图 79,是"派威互动电视"象棋超级排位赛第三站比赛半决赛的第二局湖北柳大华与福建王晓华弈至红方第 27 着后的棋局。

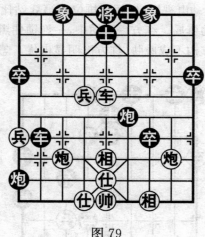

图 79

27. ……　　　　象 3 进 5

黑方补象,并无必要,应走炮 1 进 1,不论红方炮七退二或相五退七,均卒 7 进 1,对攻中黑不难走。

28. 兵六进一　　炮 1 进 1　　**29.** 相五退七　　卒 7 进 1

30. 炮二进七　　车 2 平 3

黑如改走车 2 平 8,则炮二平一,车 8 退 6,炮七平五(红如炮一退一,则车 8 进 9,黑方优势)!车 8 平 9,炮五进二!黑方大致有以下两种应着:

①车 9 平 8,车五平八,将 5 平 4,车八进四,将 4 进 1,炮五平六,士 5 进 4,

兵六进一,将4平5,车八退一,将5退1,兵六进一,绝杀红胜。②将5平4,车五平六,炮6退3,兵六平七,士5进4(如将4平5,则车六平八),兵七进一,士6进5,车六平八,象5退3,兵七进一,炮6退2,车八进四,象7进5(如士5进6,则车八退一),兵七平六,将4平5,车八退二,炮6进2,车八平七,红方胜势。

31. 兵六平五!　　　车3进1

黑车吃炮,败着。黑方应改走象5退3,但局势仍很复杂。

32. 兵五进一　　　车3退6

黑如改走士5进6,则兵五平六,将5平4(如士6退5,则兵六进一),仕五进六,红胜。

33. 仕五进六　　　士5进6

黑如改走士5退4,则车五平四,红亦胜势。

34. 兵五平四　　　将5平4　　　**35.** 车五进四　　　将4进1

36. 兵四进一

黑方不敌红方车炮兵联手的强大攻势,遂停钟认负。

第80局　御驾亲征　抢占要津

如图80,是"派威互动电视"象棋超级排位赛第3站比赛半决赛的第一局广东许银川与黑龙江赵国荣弈至第45回合的棋局。

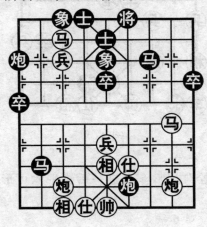

图80

46. 帅五平四　　　……

红方出帅捉炮,可谓"御驾亲征"。赶走黑炮后,红可平炮攻击黑方主将,是迅速取胜的精彩之着。

46. ……　　　　　　　马7进6

黑如改走炮6平7,则炮七平四,士5进6,仕四退五,士6退5,马二进四,士5进6,马四进三,红胜。

47. 马二进一　　　　炮6平7

黑如改走马6进7,则马一进二,将6进1,炮二平一,红得子胜定。

48. 炮七平四　　　　马2进4　　**49. 仕六进五**　　　　马4退5

50. 马一进三　　　　将6进1　　**51. 马三退四**　　　　马5退6

52. 炮四进四

黑方少子败定,遂停钟认负。

第81局　轻升红车　杀势已成

如图81,是全国象棋精英赛上海胡荣华与浙江陈寒峰弈至第25回合的棋局。

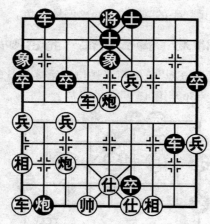

图 81

26. 车九进一　　　　**……**

红方已形成"铁门栓"之势,车九进一后再平六可形成绝杀,红方已胜利在望。

26. ……　　　　　　卒6平5

黑如改走车8平5,则车九平八,车2平1,车八退一,红得炮后胜定。

27. 车九平五　　　　车8平6　　**28. 炮七平三**

以下黑如接走车6平7,则车五平六,绝杀红胜。

第82局　抢出右车　如虎添翼

如图82,是全国象棋精英赛女子组黑龙江王琳娜与河北胡明弈至红方第21着后的棋局。

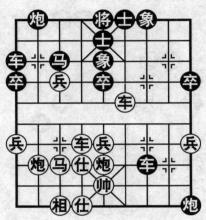

图 82

21.……　　　　　　　车 1 平 2

黑方视马被捉于不顾,抢出右车强兑,是迅速扩大优势的紧凑有力之着。

22. 兵七进一　　　……

红如改走炮八进四,则炮 9 平 3,车六平八,炮 2 进 3,车八进三,车 2 进 1,兵七平八,马 3 进 4,黑方大占优势。

22.……　　　　车 2 进 5　　　**23. 帅五平四**　　　车 2 进 1

24. 仕六退五　　　……

红如改走仕六进五,则车 7 进 1,帅四退一(如帅四进一,则炮 9 平 6,车四平六,车 7 退 5),炮 9 平 3,再炮 3 平 1,黑亦胜势。

24.……　　　炮 9 平 3　　　**25. 炮五进四**　　　车 7 进 1

26. 帅四进一　　　炮 2 进 7　　　**27. 车六退一**　　　车 7 退 1

28. 帅四退一　　　炮 3 退 1　　　**29. 仕五退四**　　　……

红如改走车六退一,则车 7 进 1,帅四退一,炮 3 进 1,黑胜。

29.……　　　车 7 进 1　　　**30. 帅四进一**　　　炮 3 平 6

黑方平炮捉车解杀还杀,红难解拆,遂停钟认负。

第83局　抢出边车　形成绝杀

如图83,是全国象棋精英赛冠亚军决赛加赛的一盘快棋,是广东许银川与火车头于幼华弈至第16回合的棋局。

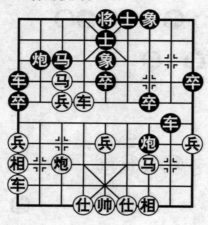

图 83

17. 车九平八　　……

红方置底相被破而不顾,抢出边车捉炮,是迅速扩大优势的紧凑有力之着。红方如改走相三进五,则炮2进7,相九退七,车8平2,黑方并不难走。

17. ……　　炮2退2

黑如改走炮7进3,则仕四进五,车8平7,车八进六,车7进2,车八平七,车7平3,马七进九,黑方难以应付。

18. 相三进五　　炮2平3　　19. 车八进六　　马3退4

20. 车六进三　　炮3进4

黑如改走车1退3,则车八平七,车8进3(如车8平4,则车七进二),仕四进五,车8平6,马七进五,象7进5,车七进二,红方大占优势。

21. 车八进二　　车8平3

弃车吃马,无奈之举。红方下一步有马七进八的凶着。

22. 相九进七　　车1平3　　23. 炮七平六

黑方难解红方双车与炮的杀着,遂停钟认负。

第84局　退车催杀　擒得一子

如图84,是全国象棋特级大师、大师赛江苏王斌与上海万春林弈至第26回合的棋局。

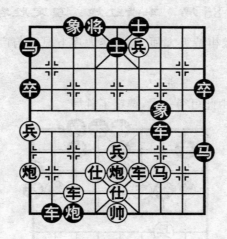

图 84

27. 炮五进六 ......

红方弃炮轰士,一举摧毁黑方九宫屏障,是打开胜利之门的佳着。

27. ...... 马 9 进 8

黑如改走马 9 进 7,则车四平三,车 7 进 2,炮九平三,红亦大占优势。

28. 车四进二 车 7 平 6 **29. 马三进四** 车 2 退 4

30. 车七退一 车 2 平 6 **31. 炮五平八** ......

红方行棋秩序井然,经过交换子力后,红方已胜利在望。

31. ...... 马 1 进 2 **32. 炮九退一** ......

红方退炮催杀擒得一子,为胜利奠定了物质基础。

32. ...... 车 6 平 3 **33. 车七进四** 马 2 进 3

34. 炮九平二 ......

红如改走炮九平六叫将后再打马则胜得更为干脆。变化如下:炮九平六,将 4 平 5,炮六平二,马 3 进 5,炮八进一,象 3 进 5,炮八平四,黑方难解红方双炮兵的杀着,红胜。

34. ...... 马 3 进 5 **35. 仕五进四** 象 7 退 5

36. 炮二平九 马 5 退 3 **37. 炮九进五** 卒 9 进 1

38. 仕六退五 卒 9 进 1

黑方少子不敌,红胜。

第85局　车啃红炮　奠定胜利

如图85,是全国象棋特级大师、大师赛大连卜凤波与广东许银川弈至红方第24着后的棋局。

24.……　　　　　车2进2!

精彩之着。黑方由此可得一子,奠定了胜局。

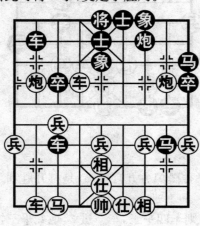

图85

25. 车八平九　　　……

红如改走车八进六,则车3进3,仕五退六,马8进7,帅五进一,车3退1,车六退五,马7退6,黑方多子胜势。

25.……	车2进3	26. 马七进六	马8进7
27. 帅五平六	车3平4	28. 车六退三	车2平4
29. 车九平八	士5退4	30. 炮二平五	象5退3

黑方敞开士象,伏有炮7平4的催杀手段,着法紧凑有力。

31. 车八进三	车4退2	32. 炮五退二	炮7平4
33. 帅六进一	马9退7	34. 兵七进一	卒3进1
35. 车八进三	炮4进2	36. 兵三进一	马7退6

黑方先退前马控制红兵过河,然后再进后马助攻,行棋秩序井然。

37. 炮五进二　　　马7进8

红方少子失势败定,遂停钟认负。

第 86 局　卒打头阵　一举夺城

如图 86,是"派威互动电视"象棋超级排位赛总决赛上海胡荣华与广东吕钦弈至红方第 25 着后的棋局。

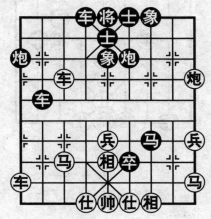

图 86

黑方利用进入红方九宫的卒打头阵,一举攻下红方城池,弈来精彩异常。

25. ……	卒 6 进 1		
26. 相五进三	车 2 平 6	27. 仕六进五	马 7 进 8
28. 马一进二	车 6 进 2	29. 马二进一	卒 6 进 1
30. 仕五退四	车 6 进 3	31. 帅五进一	马 8 退 6

黑伏车 6 平 5 的杀着,红难以解拆,遂停钟认负。

第 87 局　退炮挡车　谋相而胜

如图 87,是全国象棋 16 强精英赛河北阎文清与黑龙江赵国荣弈至红方第 46 着后的棋局。

| 46. …… | 炮 5 退 1! | | |

黑方退炮拦挡红车,设计巧妙,由此可谋得一相,扩大了优势。红方不能相三退一逃相,否则马 7 进 6,炮六平七,车 2 平 3,车七退四,马 6 进 4,帅五平六,炮 5 平 4,黑方速胜。

| 47. 炮六平七 | 卒 8 平 7 | 48. 兵九平八 | 车 2 平 1 |

黑方不能车 2 退 7 吃兵,否则红可炮九退五,简化局势。

| 49. 炮九平八 | 卒 7 平 6 | 50. 兵八平七 | 车 1 平 2 |

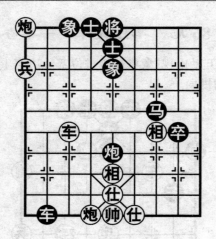

图 87

51. 炮八平九	车2平1	52. 炮九平八	车1平2
53. 炮八平九	马7进6	54. 帅五平六	炮5平4
55. 仕五进四	……		

红如改走炮九退五,则炮4退1,红亦难应付。

55. ……	卒6平5	56. 帅六进一	车2退1
57. 炮七进一	马6退5		

红如接走车七退二,则卒5进1,黑方胜定。

第三章　经典中、残局(3)

第88局　以多拼少　形成例胜

如图88,是"怡莲寝具杯"象棋全国个人赛上海万春林与云南薛文强弈至第23回合的棋局。就局势而言,红方多兵占优;但黑卒正捉住红马,红如逃马,黑可炮6进6塞住相眼,再马8进6反夺先手。红方如何应对,才能稳占优势呢? 请看实战:

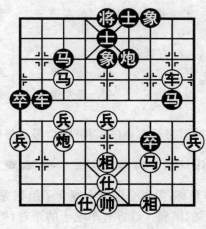

图88

24. 马七退五!　　……
强迫黑方进行子力交换,从而确立多兵之优,佳着。

24. ……	马8进6	**25.** 马五进四	士5进6
26. 炮七进四	卒7进1	**27.** 炮七平四	士6进5
28. 炮四平二	车2平6		

双方交换子力后,黑方缺士少卒,明显处于劣势,红方达到战略目的。黑方车2平6是当前的最强手,目的是用车马卒联攻,对红方构成威胁,在混战中寻找机会。

29. 炮二进二	士5退6	**30.** 兵五进一!	车6平5

红方弃兵打乱了黑方的意图,黑如不接受红五路兵走车6退2,则兵五进一,马6进4,车二平四,红大占优势。

31. 车二平四	马6退8	

黑如走马 6 进 8,则红有帅五平四的冷着。

32. 车四进三　　　　将 5 进 1　　**33. 帅五平四**　　象 7 进 9

34. 车四退六　　　　……

红方攻不忘守,退车先稳住阵脚,再行攻击,老练之着。

34. ……　　　　　卒 7 进 1　　**35. 炮二平八**　　车 5 进 1

黑如改走车 5 平 2,则红兵一进一。

36. 炮八退七　　　　卒 7 进 1　　**37. 相五退三**　　车 5 平 7

黑方应改走车 5 平 3 消灭红方七路兵。如改走车 5 平 6 兑车,则红多兵胜势。

38. 相三进五　　　　车 7 进 1　　**39. 车四平三**　　马 8 进 7

40. 炮八平九　　　　……

消灭黑方 1 路边卒后,红方胜利在望。

40. ……　　　　　马 7 进 8　　**41. 帅四平五**　　马 8 退 9

42. 炮九进三　　　　马 9 进 7　　**43. 炮九平五**　　将 5 平 4

44. 相五退七

形成红方炮双兵必胜黑方马双象的实用残棋,黑遂停钟认负。

第 89 局　吝车啃炮　导致速溃

如图 89,是"怡莲寝具杯"象棋全国个人赛女子组黑龙江王琳娜与上海欧阳琦琳弈至红方第 30 着后的棋局。红方有车吃士的杀着,黑方怎样应对呢? 请看实战:

30. ……　　　　　将 5 平 6?

败着,此时只能用车啃炮,解燃眉之急。红如接走车九平八,则炮 3 退 2,车六进一,炮 7 进 3,仕四进五,炮 7 平 4,仕五退四,炮 4 平 6,红方不能走车八平七吃炮要杀,因黑有炮 6 退 8 叫将抽车的棋。黑尚有一线生机。

31. 车六进二　　　　将 6 进 1　　**32. 炮八退一**　　马 5 进 6

黑如改走马 5 进 4,则车六退一,将 6 进 1,车九平七,炮 7 进 3,仕四进五,炮 7 平 4,仕五退四,车 9 平 6,帅五进一,车 6 退 1,帅五退一,炮 4 退 8,车七退二,炮 4 进 1,车七平六,将 6 退 1,车六退一,红多子胜定。

33. 车六退一　　　　将 6 进 1　　**34. 车九平七**　　炮 7 进 3

35. 仕四进五

黑方出将导致防线崩溃。现已无法解除红方双车与炮的杀棋,遂停钟认负。

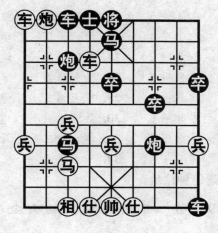

图 89

第 90 局　选择正确　稳中求胜

如图 90，是"怡莲寝具杯"象棋全国个人赛女子组云南党国蕾与火车头张梅弈至第 14 回合的棋局。

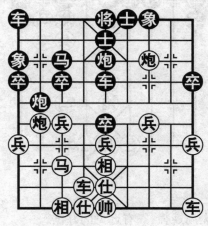

图 90

15. 兵五进一　　……

红方兵五进一可以稳持先手。如贪吃马而走炮三平七，则黑卒 5 进 1，黑方中路有攻势，红方得不偿失。

| **15. ……** | 炮 5 进 3 | **16. 车六进三** | 炮 5 进 1 |
| **17. 车一平四** | 车 1 平 4 | **18. 车四进三** | 炮 5 退 2 |

19. 炮三平九	车 4 进 5	**20.** 炮八平六	炮 2 平 1
21. 炮九平八	炮 1 平 4	**22.** 炮八退四	车 5 平 8
23. 炮八平五	炮 5 退 2	**24.** 车四进二	炮 4 退 1
25. 兵三进一	车 8 进 6	**26.** 仕五退四	车 8 退 4
27. 车四平五	炮 5 进 4	**28.** 车五退二	炮 4 平 5
29. 仕六进五	车 8 平 6	**30.** 兵三进一	炮 5 退 1
31. 车五进二	马 3 退 4	**32.** 炮六进二	马 4 进 2
33. 炮六平五	将 5 平 4	**34.** 车五平八	

黑方见大势已去,遂停钟认负。

第 91 局　弃兵活车　胸有全局

如图 91,是"怡莲寝具杯"象棋全国个人赛广东许银川与河北张江弈至第 16
回合的棋局。

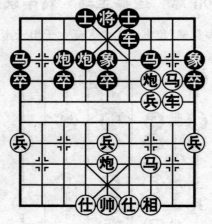

图 91

17. 车二退一!　……

主动弃兵,是一着大局观强、颇有远见的好棋。

17. ……	象 5 进 7	**18.** 马三进四	士 4 进 5
19. 仕六进五	炮 3 平 2	**20.** 炮五平四	炮 2 进 3
21. 马四进六	炮 2 退 4	**22.** 炮三平四	

黑车被擒,认负。如黑继走车 6 平 8,则马二进四,将 5 平 4,马六进七,炮 2
平 3,车二进四,黑方丢车也败。

第92局　回马金枪　双车闹士

如图92,是"怡莲寝具杯"象棋全国个人赛辽宁丰鹤与湖北汪洋弈至红方第22着后的棋局。

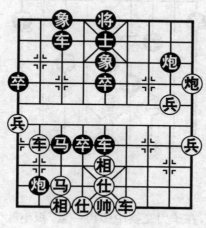

图 92

22. ……　　　　　卒 4 进 1

黑方弃卒,好棋,使马路畅通,并伏有闪击的凶着。

23. 仕五进六　　　车 5 平 9　　**24. 兵二平一**　　……

红如改走兵二进一,则马 3 退 5,车八退一,车 3 进 7,炮一平五,炮 8 平 9,兵二进一,炮 9 进 2,仕六退五,炮 2 平 5,仕六进五,车 9 进 2,仕五退六,马 5 进 4,车八平六,炮 9 平 5,黑胜。

24. ……　　　　　马 3 退 5!

退马挂角叫杀,妙着!

25. 车八退一　　　车 9 退 2　　**26. 仕六退五**　　车 3 进 7

27. 炮一平九　　　炮 2 平 5!

弃炮着法干净利索,是迅速入局的佳着。

28. 炮九进三　　　士 5 退 4　　**29. 仕六进五**　　车 9 进 4

30. 仕五退六　　　炮 8 进 5!　　**31. 相五进七**　　炮 8 平 3

黑胜。

第93局　积小为大　联攻成杀

如图93,是"怡莲寝具杯"象棋全国个人赛湖北柳大华与煤矿李鸿嘉弈至第

31 回合的棋局。

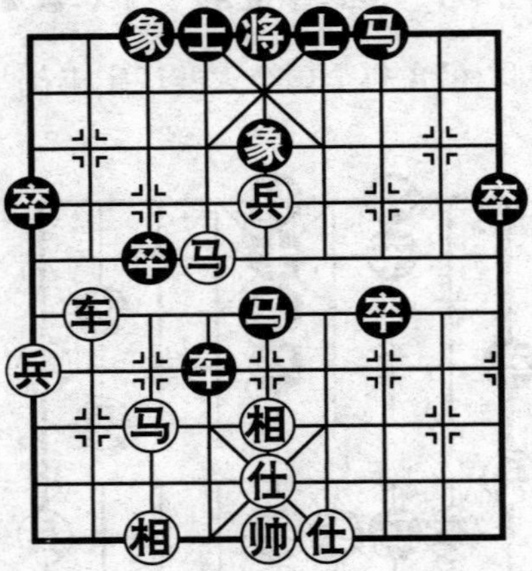

图 93

32. 马六进五！　　……

红方此着用马踏象，在子力交换中多得一象，积小胜为大胜，是一步有远见的好棋。红方如改走车八平五，则车 4 退 2，车五平三，车 4 平 5，红不易取胜。

32. ……　　象 3 进 5　　**33.** 车八平五　　卒 7 平 6

34. 车五进一　　……

红方不为黑方献卒所动。如改走车五平四，则车 4 平 3，红马被逼退且失边兵，红方胜望甚微。

34. ……　　卒 3 进 1　　**35.** 马七进五！　　马 7 进 8

36. 兵五进一　　马 8 进 6　　**37.** 马五进四　　士 4 进 5

黑如改走车 4 退 2，则马四进二，士 4 进 5，车五进一，红大占优势。

38. 车五进一　　马 6 进 8　　**39.** 车五平二　　马 8 进 7

40. 马四进三！　　将 5 平 4　　**41.** 车二平九！　　车 4 平 5

黑如改走马 7 进 9，则车九进三，将 4 进 1，兵五进一，士 6 进 5，马三退五，将 4 进 1，车九退二，红抢先一步成杀。

42. 车九进三　　将 4 进 1　　**43.** 马三进四！

以下黑如接走士 5 退 6，则车九退一，将 4 退 1，兵五平六，将 4 平 5，兵六进一绝杀，红胜。

第 94 局　随手挨打　致命一击

如图 94，是“怡莲寝具杯”象棋全国个人赛石化田长兴与厦门郑乃东弈至第

20 回合的棋局。

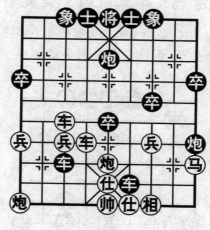

图 94

21. 兵三进一　　……

红进兵随手之着,造成被动挨打,最终导致失败。应走车六退一,则炮 5 进 5,车六平五,车 3 平 5,炮九进一,车 5 平 9,车七平五,象 7 进 5,相三进一,虽居下风,尚可支撑。

21. ……　　车 3 进 2

正着,黑如贪吃子而走炮 5 进 5,则帅五平六,士 6 进 5,车七平五,象 7 进 5,车五退二,车 3 平 5,炮九进一,黑方功败垂成。

22. 仕五退六　　炮 9 平 5!

黑方再摆中炮,给红方致命一击,一招锁定胜局。

23. 炮五进二　　……

无奈之着,如改走仕四进五(如炮五平八,则卒 5 平 4),则车 6 平 5,帅五平四,车 5 进 1,帅四进一,车 5 退 2,黑胜。

23. ……　　士 6 进 5　24. 马一进三　　……

红如硬走车六平五吃炮,则将 5 平 6,红方仍难解救。

24. ……　　车 6 退 2　25. 车六进二　　炮 5 平 7

26. 车六平五　　车 3 平 1　27. 炮五进三　　象 3 进 5

28. 兵三进一　　炮 7 平 3　29. 相三进五　　炮 3 平 5

30. 相五退七　　象 5 进 7　31. 车七退一　　将 5 平 6

以下双车错杀,黑胜。

第95局 平车砍炮 突发冷箭

如图95,是"怡莲寝具杯"象棋全国个人赛四川王盛强与上海谢靖弈至第21回合的棋局。红方虽未失子,但窝心马是明显的弱点,尽快跃出窝心马才是上策。

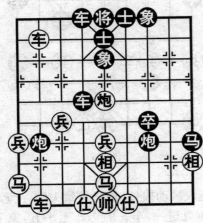

图95

22. 兵五进一?   ……

红方兵五进一是随手之着,由此招致失败。应改走马九进八,以下前车平5,马五进七,炮7平8,马八进六,虽居下风,但尚可抗衡。

22. ……   前车平5!

黑方平车硬砍中炮,是突放冷箭的妙着!出乎红方意料。

23. 兵五进一   ……

红如改走前车退五,则车5进1,红方窝心马难以跃出,非常被动。

23. ……   炮2平5!

局势的发展完全在黑方的意料之中,现在右炮镇中,已胜利在望!

24. 马九进七   炮7进3!

接下去是相一退三,马9进8绝杀,黑胜。

红方如不走马九进七,而改走前车退二,则卒7平6,前车平四,车4进5,车四平二,马9退7,车二退四,炮7进3,相一退三,马7进8,得车后再马8进9或马8退6形成绝杀,红亦难逃厄运。

第96局 进卒欺车 抢攻在前

如图96,是"怡莲寝具杯"象棋全国个人赛女子组浙江励娴与四川郭瑞霞弈至第21回合的棋局。从双方子力的分布情况可以看出对攻的激烈程度,目前局势仍很复杂。

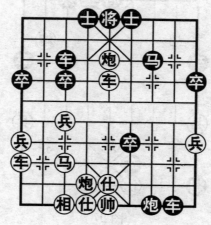

图96

22. 车五退四? ……

红方车五退四铸成大错,是一步败招。红方应改走车五退二,黑如炮7退2抽车,则仕五退四,炮7平1,相七进九,下伏炮六平五平中叫杀抽车的手段,红方前景乐观。

22. …… 卒6进1!

黑方进卒欺车精妙! 突发冷箭,抢攻在前,前景由此光明。

23. 车五进三 ……

红方现抬车已是"无可奈何花落去"。如改走车五平四吃卒(另如仕五进四,则炮7退2抽红中车),则黑车3平5吃中炮,以下黑沉底车炮伏有打仕、抽将等手段,红方难以应付。

23. …… 炮7退2 **24. 仕五退四** 卒6进1

黑方先退炮叫将,再进卒要杀,次序井然,现已成绝杀之势,红无法解救。

25. 炮五平四 士6进5 **26. 马七进五** 车8平6

以下是炮四退七,炮7进2,黑胜。

第 97 局　红帅助攻　盖车生威

如图 97,是"怡莲寝具杯"象棋全国个人赛江苏徐超与沈阳金松弈至红方第 34 着后的棋局。红方车、炮、兵占位俱佳,伏炮沉底的攻势,黑方应早防范。

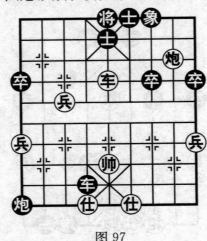

图 97

34. ……　　　　　车 4 进 1

速败之着。黑方应走车 4 平 8 捉炮,虽处劣势,尚可支持。

35. 炮二进二　　车 4 平 5　　**36.** 仕四进五　　车 5 平 8

37. 车五平八　　……

正着。如误走车五进二,则将 5 平 4,红方反而失子,因为黑方下面有炮 1 平 5 抽车的棋。

37. ……　　　　　车 8 退 2　　**38.** 仕五进四　　炮 1 平 4

39. 兵七平六　　将 5 平 4　　**40.** 炮二平一　　车 8 退 3

41. 车八进三　　将 4 进 1　　**42.** 车八退四　　车 8 退 4

43. 炮一退一　　士 5 进 6

黑如改走车 8 进 1,则兵六进一,车 8 平 9,兵六进一,士 5 进 4(如将 4 进 1,则车八平六杀),车八进三抽车,红胜。

44. 炮一平二!

平炮盖车,下着冲兵必胜。红方如改走兵六进一催杀,也胜定。

第 98 局　运子灵活　联合破城

如图 98,是"怡莲寝具杯"象棋全国个人赛石化傅光明与浦东宇兵弈至红方第35着后的棋局。黑方利用红方缺少一相且车马炮缺少联系的不利局面,运用车马炮联合兵种一举攻下红方城池,着法精彩、紧凑。

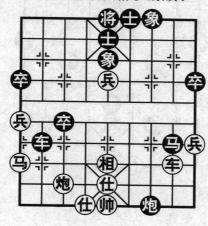

图 98

35. ……	炮 7 退 5		

退炮后准备还架中炮,着法有力!

36. 相五进七	炮 7 平 5	37. 相七退五	车 2 平 7
38. 帅五平四	炮 5 平 8	39. 车二平一	车 7 平 6
40. 帅四平五	炮 8 平 5	41. 车一平三	车 6 平 1
42. 马九退八	马 8 退 6	43. 车三平二	车 1 平 9

黑胜。

黑方在入局的过程中,对"控制""占位"等战术的运用,值得学习和借鉴。

第 99 局　弃车杀仕　成竹在胸

如图99,是"怡莲寝具杯"全国象棋个人赛火车头于幼华与江苏徐天红弈至红方第23着后的棋局。红方下一步有帅五平四的凶招。但黑方早已成竹在胸,接下来走出了车 4 进 9 弃车杀仕的妙着,犹如石破天惊。红方略加思索,即推枰认负。那么,黑方究竟如何入局呢? 推演变化如下:

仕五退六,车 5 进 1,帅五平四(红如仕六进五,则车 5 进 1,帅五平四,车 5 进 1,帅四进一,马 3 退 5,帅四进一,马 5 进 4,炮五退三,车 5 平 6,帅四平五,马 4 退 3,帅五平六,车 6 平 4,炮五平六,车 4 退 1 杀),车 5 进 2,帅四进一,马 3 退 5,帅四进一,马 5 进 4,炮五退三(如仕六进五,则车 5 平 6 杀),车 5 平 6,帅四平五,马 4 退 3,帅五平六,车 6 平 4,炮五平六,车 4 退 1 杀,黑方妙手连珠,算度深

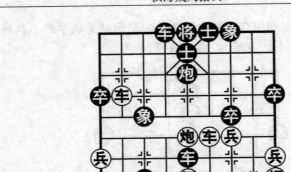

图 99

远、准确，令人称赞不已。黑胜。

第100局　跃马献车　一举获胜

如图100，是"怡莲寝具杯"象棋全国个人赛石化王晓华与腾蛟王国敏弈至第 26 回合的棋局。红方已大占优势，入局相当精彩。请欣赏实战：

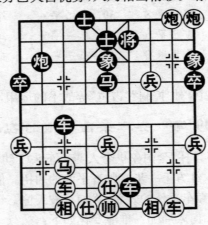

图 100

27. 马七进六！　　……

红方跃马献车，着法精妙！运用"引离战术"，一举获胜。

27. ……　　　　　车 3 平 4

吃马暂解燃眉之急。黑如改走车 3 进 3 去车，则红马六进五后成绝杀之势。

28. 车七进五　　　　炮 2 退 1　　**29.** 车二进八　　　　将 6 进 1

30. 车七平五

黑如接走炮 2 平 8,则兵三进一,将 6 退 1,车五平二。

红胜。

第 101 局　出帅正应　退炮被杀

如图 101,是"怡莲寝具杯"象棋全国个人赛女子组农协何静与江苏张国凤弈至第 25 回合的棋局。就形势而言,仍不明朗,双方都有机会,在复杂的对攻中稍有不慎,都可能遭到失败。现在黑方正在叫杀,红方怎样应对呢? 请看实战:

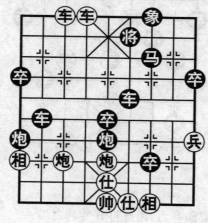

图 101

26. 炮七退二？　　……

软着。应改走帅五平六,黑方不能车 2 平 4 兑车,因红有车六退五,再车七退六捉双炮的手段;又如黑方改走车 2 退 1,则红可车六平三杀象,黑方无士象后,难防红方双车的攻击。

26. ……　　　　　炮 1 平 2

黑方抓住红方这一软着,平炮继续要杀。

27. 帅五平六　　　　……

红如改走炮七平八,则炮 5 平 7,相三进一,炮 2 平 5,黑方胜势。

27. ……　　　　　车 2 平 4　　**28.** 车六退五　　　　卒 5 平 4

29. 车七退六　　　　炮 2 进 3　　**30.** 炮七进二　　　　炮 5 退 4

31. 车七平八　　　　炮 2 平 1　　**32.** 炮七平三　　　　炮 5 平 4

33. 帅六平五　　　　车 6 平 3　　**34.** 炮三退一　　　　车 3 进 5

35. 仕五退六　　　　车3退3　　**36.** 车八退三　　　车3平6

黑胜。

第 102 局　红车换双　争先扩势

如图102,是"怡莲寝具杯"象棋全国个人赛广东宗永生与沈阳卜凤波弈至第25回合的棋局。

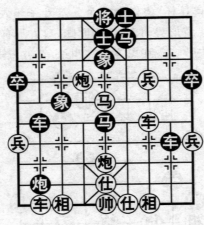

图 102

26. 车八进一!　　　……

红车换双子,着法果断有力,由此打开胜利之门。

26. ……　　　　　车2进3　　**27.** 车三平五　　　车2退2

28. 车五平八!　　　……

献车伏杀,凶狠之着,迫使黑方丢子败北。

28. ……　　　　　马6进5

黑如不弃马而改走车2平5,则红车八进五,士5退4,马五退三,车5退3,兵三平四,车5进2,车八退五,黑方丢车。

29. 车八退一　　　车8平2　　**30.** 炮五进四　　　……

红进炮形成"三英战吕布"之势,黑方难以抵挡。

30. ……　　　　　卒9进1　　**31.** 炮六退四　　　车2平9

32. 马五退三　　　车9平1　　**33.** 马三进四　　　将5平4

34. 炮五退四

至此,黑方孤车难以对抗红方双炮、马、兵的强大攻击,遂停钟认负。

第103局　弃象亮车　构成绝杀

如图103,是"怡莲寝具杯"象棋全国个人赛上海孙勇征与江苏王斌弈至第22回合的棋局。黑方已占优势,但红方只要防守得当,还有复杂变化,不至于必败。

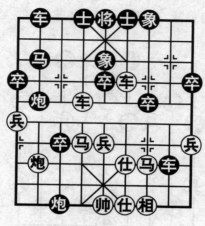

图103

23. 马三进四　　……

急躁之着,弃仕后造成九宫空虚,给防守增加了难度。应改走马六退五(如车六平八,则卒3平4,炮八进五,车8平7,黑胜势),则炮3平2,车四平五,黑一时难以下手。

23. ……	车8平6	**24.** 相三进五	车6进1
25. 车六平八	炮3平6	**26.** 马六进七	象5进3
27. 车四平五	象3退5	**28.** 马四进六	卒3进1
29. 炮八进五	卒3进1	**30.** 马六退七	炮6平9
31. 车五平六	士6进5	**32.** 炮八退一	……

红方应走炮八进一,封住黑方2路底车。

32. ……	车2进2	**33.** 车六进二	将5平6
34. 车六退三	象5进3!		

弃象亮车,构成绝杀!

35. 车六平三　　车2平8

至此,红方认负。红如接走车三进四杀象,则将6进1,车三退一,将6进1,有杀对无杀,黑胜。黑如随手走车2平6要杀,则红车三进四,杀象,将6进1,

车三退一,将6退1,炮八进三,红先成杀,反败为胜。

第104局　回天乏力　超时致负

如图104,是"怡莲寝具杯"象棋全国个人赛广东吕钦与沈阳金松弈至第22回合的棋局。乍看起来,黑方布局较为工整,局势还算平稳,沉底炮对红方又有一定的威胁,红方虽占有先手,但要想获胜,并非易事。红方怎样扩大先手呢?请看实战:

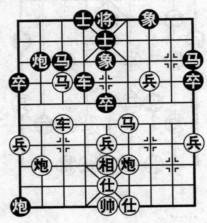

图 104

23. 仕五进六　……

红方此着乍看起来是为了防止黑方马9进7踩兵,因为红方不能走炮八进四串打黑方车马,红炮打掉黑方车或马后,黑方有重炮杀。其实红方是"醉翁之意不在酒"。

23. ……　炮2进1　24. 炮八退一　……

红方此着"露出庐山真面目",其真实目的是要打死黑车。

24. ……　卒5进1　25. 兵五进一　……

红方此着可稳持先手,避免节外生枝。因红方如走炮八平六,则卒5平4,马七退六(如炮六进三,则马9进7),炮2进6,帅六进一,车4平2,车七进三,车2进5,黑方有搅乱战局的机会。

25. ……	车4进3	**26. 兵五进一**	车4平6
27. 炮四平二	炮2进4	**28. 炮二进五**	马3退1
29. 马四进二	象5进7	**30. 马七进九**	炮2退5

黑如改走将5平6,则兵三平四,车6退3,马二进三,将6进1,兵五平四,红

接有炮八平四的攻击手段,黑方迅速崩溃。

31. 车七平八	炮 2 进 6	**32.** 车八退三	马 1 退 3
33. 马九进七	将 5 平 6	**34.** 车八进五	炮 1 平 6
35. 仕六退五	炮 6 退 1		

红方攻势如潮,黑方回天乏力,超时致负。红胜。

第105局 各子灵活 敲门破城

如图 105,是第 23 届象棋冠军邀请赛半决赛第 2 局上海胡荣华与火车头于幼华弈至红方第 37 着后的棋局。黑方各子灵活,又得多卒之利,明显占得上风。

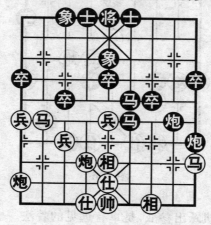

图 105

37. ……	前马进 5!

黑方马踏中相,敲开红方城池大门,令红方难以防范。

38. 马八进六	……

红如改走相三进五,则炮八平二,红亦难应付。

38. ……	马 5 退 7	**39.** 炮九进五	炮 8 平 1
40. 仕五进四	马 7 退 5	**41.** 仕六进五	马 5 进 4
42. 仕五进六	炮 1 退 1	**43.** 马六进四	卒 9 进 1
44. 马四进三	将 5 进 1	**45.** 马三退二	马 6 进 4
46. 马一退三	炮 9 平 5	**47.** 帅五平四	马 4 退 6
48. 马三进二	马 6 进 7	**49.** 马二进一	炮 1 进 1

黑方下伏炮 1 平 6,仕四退五(如帅四平五,则马 7 进 5,仕六退五,马 5 进 3,帅五平六,炮 5 平 4,马二退四,卒 5 进 1,绝杀黑胜),马 7 进 6,仕五进四,马 6 退

4,仕四退五,炮 5 平 6 的杀法,红难解拆,遂停钟认负。

第 106 局　乘机跃马　得子胜定

如图 106,是第 23 届全国象棋冠军邀请赛决赛第 1 局火车头于幼华与广东许银川弈至红方第 35 着后的棋局。黑方已大占优势,入局也相当紧凑。请看实战:

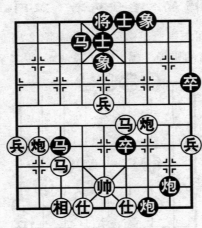

图 106

35. ……　　　　　马 4 进 3

黑方进马捉兵,乘机跃出参战,是卓有远见的着法。也可改走卒 6 进 1,红如接走马七进五,则炮 7 退 1,帅五退一,卒 6 进 1,红方亦难应付。

36. 兵五平六	炮 7 退 1	**37.** 帅五退一	炮 7 进 1
38. 帅五进一	卒 6 进 1	**39.** 兵六进一	炮 7 退 1
40. 帅五退一	炮 7 进 1	**41.** 帅五进一	炮 7 退 1
42. 帅五退一	卒 6 进 1	**43.** 马四退三	……

红如改走仕四进五,则炮 8 进 1,马四退三,后马进 4,黑亦得子胜势。

43. ……　　　　　后马进 4

黑方得子胜定,红遂停钟认负。

第 107 局　胜负逆转　可惜无比

如图 107,是"开发集团杯"女子象棋大师电视快棋赛珠海冯晓曦与浙江金海英弈至第 58 回合的棋局。这个残局可以显露出双方厮杀的激烈程度。真是危机四起,杀机四伏,稍有失误,都会导致失败。

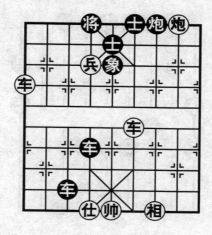

图 107

59. 炮二退二 　　　　……

红方退炮，错失一个制胜的良机。应改走车四进五弃车砍士，以下士 5 退 6，车九平四！车 4 退 4（如将 4 平 5，则车四进三，将 5 进 1，兵六平五，将 5 平 4，车四退一），车四进三，将 4 进 1，车四退一，红方捷足先登。

59. …… 　　　　车 3 进 1　　　**60. 车四平八** 　　　车 4 进 3

以下红如接走帅五进一，则士 5 进 4，黑稳操胜券。

第 108 局　攻势强大　停钟认负

如图 108，是"开发集团杯"女子象棋大师电视快棋赛半决赛第 2 局江苏张国凤与上海欧阳琦琳弈至第 32 回合的棋局。

33. 马七进六 　　　炮 6 退 1　　　**34. 马五进六** 　　　炮 6 退 1

35. 前马退五 　　　炮 6 进 1　　　**36. 马五进六** 　　　炮 6 退 1

红如续走前马退五，则炮 6 进 1，双方不变可成和棋。由于红方第 1 局失利，所以只好主动求变。其实黑方可改走马 9 进 8，红如接走马六退四，则马 4 退 6，马六进七（如仕五退六，则卒 3 平 4，黑优），马 8 进 7，帅四进一，马 6 进 4，马七退五，士 5 进 4，兵四进一，炮 2 平 8，兵四进一，炮 8 进 5，后炮退四，炮 8 平 5，后炮平五，马 7 退 6，炮八退六，马 4 进 3，黑方得子胜定。

37. 后炮退二 　　　马 9 进 8！　　**38. 仕五退六** 　　　士 5 进 4

39. 仕四进五 　　　炮 2 平 6　　　**40. 兵四进一** 　　　……

红如改走后炮平四，则马 8 进 7，帅四退一，马 7 进 8，帅四进一，炮 6 进 3，黑亦胜势。

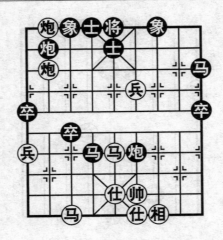

图 108

40. ……　　　　　　　马 8 进 6

红方不敌黑方炮与双马的强大攻势，遂停钟认负。

第 109 局　进车保马　自投罗网

如图 109，是"开发集团杯"女子象棋大师电视快棋赛半决赛第 3 局加赛超快棋云南赵冠芳与黑龙江王琳娜弈至红方第 43 着后的棋局。

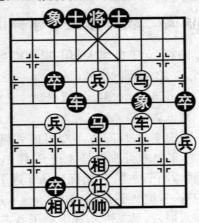

图 109

43. ……　　　　　　　车 4 进 1

黑方进车保马不可思议，车马被红车拴死，导致失子而失败。

44. 马三退一　　　　前卒平 4　　45. 帅五平四　　　士 4 进 5

46. 车三平四　　　　象 7 退 5　　　　**47.** 马一进二　　　卒 3 进 1

48. 马二退四　　　……

红方退马擒得一子，为取胜奠定了基础。

48. ……　　　　　　卒 3 进 1　　　　**49.** 车四平五　　　车 4 进 1

黑如改走车 4 平 5，则马四退五，形成马双兵必胜双卒士象全的残局。

50. 兵一进一　　　　卒 3 进 1　　　　**51.** 马四进三　　　将 5 平 4

52. 车五平八　　　　卒 3 进 1　　　　**53.** 车八进五　　　车 4 平 6

54. 帅四平五　　　　车 6 退 5　　　　**55.** 兵五进一！　　车 6 平 7

56. 车八平七　　　　将 4 进 1　　　　**57.** 车七退七　　　将 4 退 1

58. 兵五平六　　　　将 4 平 5　　　　**59.** 兵六进一

黑如接走士 5 退 4，则兵六进一，将 5 平 4，车七退七，将 4 进 1，车七退一，将 4 退 1，车七平三，红方得车胜定。

第 110 局　马踏中相　弃炮强攻

如图 110，是"咨询杯"新老棋王迎春象棋争霸赛火车头于幼华与上海胡荣华弈至第 31 回合的棋局。

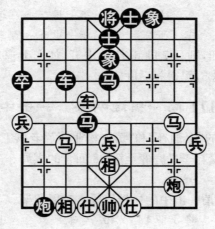

图 110

32. 马七退九　　　　……

红方如改走炮二进二，则马 5 进 6，车六退一，马 6 进 8，黑方大占优势。

32. ……　　　　　　马 4 进 5

黑方置底炮被捉于不顾，进马硬踏中相，弃炮强攻，是算度深远的一着好棋！

33. 马九退八　　　　前马进 7　　　　**34.** 帅五进一　　　马 5 进 6

35. 车六退四　　　……

红如改走车六退一(如马八进九,则车 3 进 6),则车 3 进 5,车六退四,马 6 进 4,红方丢车。

35. ……　　　　车 3 进 3

黑方进车捉中兵,伏有右车左移捉双的攻击手段,是紧凑有力之着。

36. 帅五平四　　车 3 平 5　　**37.** 马二退一　　车 5 平 8

38. 马一退三　　车 8 进 2　　**39.** 帅四进一　　马 6 进 8

40. 帅四平五　　　……

红如改走马三进二,则车 8 平 4,马八进九,车 4 进 1,马九进八,车 4 平 6,帅四平五,车 6 退 3,马二进一,象 5 进 7,马八进九,车 6 平 5,帅五平六,士 5 进 4,黑胜定。

40. ……　　　　马 8 进 7　　**41.** 车六平四　　车 8 退 1

42. 帅五退一　　车 8 平 2　　**43.** 帅五退一　　车 2 进 1

44. 仕四进五　　马 7 退 8　　**45.** 车四平二　　　……

红如改走车四进五,则车 2 进 1,车四平九,车 2 平 3,黑亦胜势。

45. ……　　　　马 8 退 7　　**46.** 车二进五　　车 2 进 1

47. 车二平七　　车 2 平 1　　**48.** 车七退二　　车 1 退 3

49. 兵一进一　　车 1 平 9　　**50.** 相七进五　　车 9 进 3

红如接走仕五退四,则马 7 进 6,仕六进五(如车七退三,则车 9 退 4),马 6 进 7,帅五平六,马 7 退 5,黑得相后胜定。

第 111 局　镇炮叫杀　一击中的

如图 111,是举行的"上涌杯"和"黄连松业杯""老棋王"杨官璘、李义庭四局对抗赛的第 2 局杨官璘与李义庭弈至第 38 回合的棋局。

39. 炮三平五!　　　……

红镇中炮催杀,可谓一击中的! 顿使黑方难以招架。

39. ……　　　　将 5 平 4　　**40.** 后车平六　　士 5 进 4

41. 车七平四　　炮 7 平 8　　**42.** 车四进一　　将 4 进 1

43. 车四退一　　将 4 退 1　　**44.** 车四平二　　车 7 进 1

45. 车二退一　　将 4 进 1　　**46.** 车六平九　　车 7 进 2

黑方弃车换马相,可以暂解燃眉之急。舍此,也别无良策。

47. 相五退三　　炮 8 平 1　　**48.** 车九平七　　炮 1 进 2

49. 车七退六　　炮 1 平 2　　**50.** 车二退四　　象 5 进 3

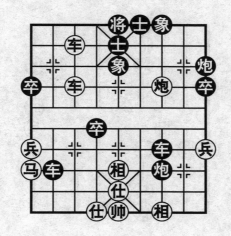

图 111

51. 相三进五	士 4 退 5	52. 车二进四	车 2 退 1
53. 兵一进一	卒 4 平 5	54. 兵九进一	卒 5 进 1
55. 相五进三	炮 9 进 3	56. 兵九进一	炮 9 退 1
57. 车二退二	卒 5 平 6	58. 车二平七	卒 6 平 7
59. 兵九平八			

红方下伏炮五平八得子的手段，黑无力续战，遂停钟认负。

第 112 局　退炮弃马　胆识俱佳

如图 112，是第 14 届"银荔杯"象棋争霸赛厦门郑一泓与火车头于幼华弈至第 42 回合的棋局。

43. 炮二退五！　　……

红方弃马退炮，佳着！伏有炮二平六拴锁黑车和平炮"叫抽"的双重手段，令黑方难以招架。

43. ……　　马 9 进 7

黑如改走车 4 进 2 吃马，则炮二平六，士 4 退 5（如炮 2 平 4，则车五平六），车五平六，士 5 进 4，车六平八，士 4 退 5，车八退二，红方胜定。

44. 车五平三	马 7 退 5	45. 炮二平六	将 4 平 5
46. 炮六平五	将 5 平 4	47. 车三平八	士 4 退 5
48. 炮五平六	车 4 平 6	49. 帅四平五	马 5 进 7
50. 车八平六	士 5 进 4	51. 车六平三	

红方抽得黑马，胜局已定，黑遂停钟认负。

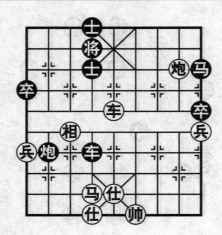

图 112

第 113 局　闪击腾挪　谋子而胜

如图 113,是第 14 届"银荔杯"象棋争霸赛云南党国蕾与黑龙江王琳娜弈至红方第 35 着后的棋局。

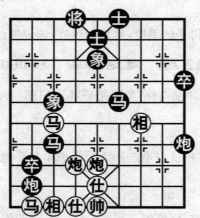

图 113

35. ……	炮 2 平 3		

黑方平炮轰马,伏有冲卒擒死马的手段,是谋得一子奠定胜局的巧妙之着。

36. 马七进五	马 3 进 5	37. 相七进五	卒 2 进 1
38. 马五退六	将 4 平 5	39. 炮六平七	马 6 进 5

红方少子不敌,遂停钟认负。

第114局 艺高胆大 追黑签盟

如图114,是第14届"银荔杯"象棋争霸赛广东许银川与厦门郑一泓四番棋挑战赛的第2局弈至第20回合的棋局。

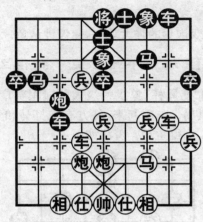

图 114

21. 车二进五   马 7 退 8

红方车二进五吃掉黑车,不怕黑炮轰相,真是艺高人胆大,已算准:黑如炮轰相,红可抢得先机。变化如下:

如炮 3 进 5,则仕六进五,马 7 退 8,车六平八,马 2 进 4,炮五进四,车 3 退 5,兵五进一,马 4 进 3,炮六平七,车 3 平 4,马三进五,红方胜势。

22. 相七进九   车 3 平 5   23. 马三进五   车 5 平 2

24. 兵六平五   ……

红兵吃卒,威胁黑方中象,攻势锐利。

24. ……   马 2 退 3   25. 兵三进一   象 5 进 7

26. 车六进五   马 3 进 1   27. 马五进六   车 2 平 4

28. 马六进四!   炮 3 平 5   29. 仕六进五   车 4 平 6

红方这一段的着法秩序井然,精彩异常。

30. 车六退三   ……

红方退车捉炮,可以擒得一象,摧毁黑方防御屏障,加快了胜利的步伐。

30. ……   炮 5 进 2

黑如改走车 6 退 1,则马四进三,车 6 退 3,车六平五,车 6 平 7,车五平七,红方胜定。

31. 车六平三　　　象7进5　　**32.** 车三平五　　　炮5平6

33. 马四进三　　　马8进6

黑如改走车6退4,则兵五进一,车6平7,兵五进一,士6进5,车五平三,黑丢车。

34. 兵五进一

黑方不敌红方车马双炮兵的强大攻势,遂停钟认负。

第115局　平炮妙兑　抢得主动

如图115,是第2届"嘉周杯"象棋特级大师冠军赛广东吕钦与江苏徐天红弈至红方第24着后的棋局。乍看起来,红方有炮打马和先手兑炮的手段,实战中黑方有一手平炮妙兑,抢得主动。着法如下:

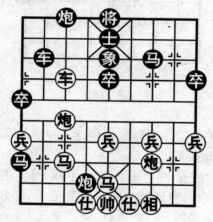

图 115

24. ……　　　　　炮4平3

正着,黑如改走炮3进5,则车七退二,马1进3,马七进八,红占主动。

25. 炮三平九　　　……

红如改走炮三进五,则车2进4,黑可先弃后取,反夺优势。

25. ……　　　　　后炮进5　　**26.** 相三进五　　　炮3进1

27. 炮九进三　　　马7进6　　**28.** 车七平五　　　马6进4

29. 车五平二　　　车2进2

黑如随手走马4进5吃红中相,则车二进三,士5退6,炮九平五叫将后抽吃黑马,黑功亏一篑。

30. 炮九进一　　　车2平4　　**31.** 相五退七　　　将5平4

黑方出将,下伏马4进5的双杀手段,红方难以抵御黑方的强大攻势,遂停钟认负。

第116局 进车捉马 先手扩大

如图116,是第2届"嘉周杯"象棋特级大师冠军赛广东许银川与上海胡荣华弈至第23回合的棋局。

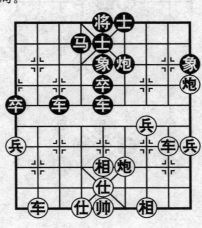

图116

24. 车八进八! ⋯⋯

红方进车捉马,抢先之着,由此扩大先手。

24. ⋯⋯ 车3平4

黑如改走马4进3,则车八进一,士5退4,车二进四,红优;黑又如改走马4进2,则车二进三,红亦占优。

25. 兵一进一 炮6进3 26. 车八平七 炮6平5

27. 车二平五 炮5平9

红平中车,暗伏炮一退一,再兵三进一谋子的手段。

28. 车五平一 炮9退1 29. 炮四进六 士5退4

30. 车七退一 马4进6

黑如改走将5进1,则炮四平三,红亦大占优势。

31. 炮四平九 车4平2 32. 炮九进一 车2退4

33. 车七平五 士6进5 34. 炮九退二

黑方少象失势不敌,遂停钟认负。

第 117 局　　摧毁屏障　双车成杀

如图 117,是第 2 届"嘉周杯"象棋特级大师冠军赛吉林陶汉明与黑龙江赵国荣弈至第 31 回合的棋局。

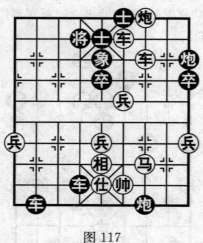

图 117

32. 相五进三　　　……

红如改走车三平一,则炮 7 退 9,车一平五,车 2 平 7,黑方胜定。

32. ……　　　　**炮 7 退 1!**

黑方炮 7 退 1 是最强劲的攻击手段,下一着炮打中仕,摧毁红方九宫最后一道屏障,利用双车成杀。

33. 炮三退一	炮 7 平 5	**34. 车三平五**	将 4 退 1
35. 炮三进一	将 4 进 1	**36. 炮三退一**	将 4 退 1
37. 炮三进一	将 4 进 1	**38. 炮三退一**	将 4 退 1
39. 炮三进一	将 4 进 1	**40. 炮三退一**	将 4 退 1
41. 炮三进一	将 4 进 1	**42. 马三退四**	……

红方一将一要杀,所以只好变着。

42. ……　　　　炮 5 进 1　　　**43. 帅四进一**　　　车 2 退 1

黑伏车 4 平 6,帅四平五,车 2 退 1 的绝杀手段,红遂停钟认负。

第 118 局　　强攻风格　令人称赞

如图 118,是第 2 届"嘉周杯"象棋特级大师冠军赛女子组江苏张国凤与河北胡明弈至第 17 回合的棋局。

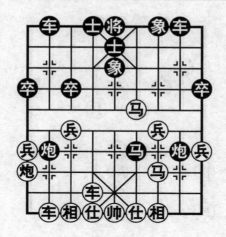

图 118

18. 马四进六 ……

红方进马袭槽，正着。如改走马四退六兑马，则炮2平5！车八进九，炮5退1（黑方下伏马6进7的杀着），车六平四，马6进4，帅五进一，炮8平5，帅五平六，马4进6，黑方先弃后取，反夺主动。

18. …… 车2进1 19. 炮九平五！ ……

红补中炮强攻，棋艺风格令人称赞！

19. …… 车8进2

败着，造成黑方失子。黑方应走车8进1，较为稳妥。

20. 车六平四！ 马6进4

黑如改走马6退5，则车八进三，红亦得子胜势。

21. 车四平六 炮2平4

黑如改走炮2平5，则炮五进五，象7进5，车八进八，红得车胜定。

22. 车六进一 车2进8 23. 马六进七 将5平6

24. 车六进一 车8平6 25. 车六平二

黑方少子不敌，遂停钟认负。

第119局 "铁门栓"凶 "天地炮"恶

如图119，是"磐安伟业杯"全国象棋大师冠军赛吉林李轩与上海孙勇征弈至第20回合的棋局。

21. 车五平七 ……

速败之着，黑方出将后形成"铁门栓"，逼回红车后，牢牢控制局面。红方此

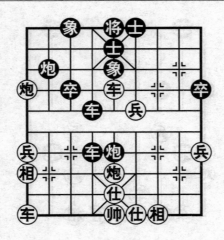

图 119

着应走车九平八,黑如将5平4(如炮2进4,则车五平六,后车退1,炮九平六,车4退3,车八进三,双方均势),则车五退三,前车平5,炮九进三,象3进1,车八进七,红一车换黑双炮,局势暂无大碍。再如黑走炮2平1,则炮九平八,将5平4,车五退三,前车平5,炮八进三,将4进1,车八进八,将4进1,车八退六。黑虽多子,但老将高悬,处于随时被攻击的境地,局势不明朗。红方仍有一线生机,不至于坐以待毙。

21. ……	将5平4	**22.** 车七退六	象5进3
23. 炮九平五	后车平6	**24.** 车七平六	车6平4
25. 车六进三	车4进2		

双方兑掉一车后,红方仍未解脱黑方"铁门栓"之危。

26. 兵九进一	炮2平9	**27.** 兵九进一	炮9进4
28. 前炮平二	炮9进3		

下一着车4进2绝杀。

29. 炮二进三	将4进1		

红方超时判负。红方若炮二退八,则炮5退1,车九平八,车4平6,黑亦胜定。

第 120 局　抓住时机　迅速制胜

如图120,是"磐安伟业杯"全国象棋大师冠军赛江苏赵剑与北京尚威弈至第16回合的棋局。

　　17. 仕六进五　　……

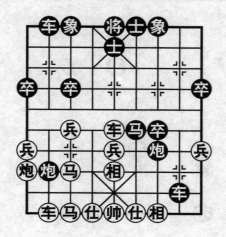

图 120

红方此着不可思议,是一招致命的败着。应改走车八进二,则车 2 进 7,马七进八,车 8 平 2,相五进三,车 2 退 1,车五平四,车 2 平 1,车四退一,双方均势。

17.……　　　　　马 6 进 5!

黑方抓住时机,走出了弃马踏中相的妙着,由此迅速制胜。

18. 帅五平六　　　　……

红方出帅,无奈之举。如改走相三进五,则炮 2 平 5,黑方得车速胜。

18.……　　　　　马 5 退 3

黑方乘势回马捉双,可谓一击中的!

19. 车五平三　　　　马 3 进 1　　20. 车八进二　　　　车 2 进 7

21. 后马进八　　　　车 8 退 1!

红如接走马七进六,则车 8 平 2,车三退一,车 2 进 2,帅六进一,车 2 平 3,车三退一,马 1 进 2,车三平八,车 3 平 6,帅六进一,车 6 平 7,黑亦胜定。

第 121 局　弃车精彩　演成绝杀

如图 121,是"磐安伟业杯"全国象棋大师冠军赛上海邬正伟与河北陈翀弈至第 32 回合的棋局。

33. 车九平四　　　　……

红方平车抢占肋道,马踏中象后可形成绝杀。

33.……　　　　　车 2 退 4

黑如改走车 2 退 6,则帅五平四,车 2 平 4,马六进八,车 4 进 3,炮三平二,卒 4 平 5,炮二进三,绝杀红胜。

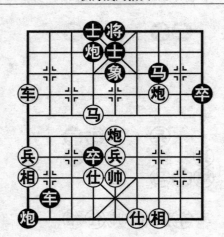

图 121

34. 马六进五！　　……

红方马踏中象，不怕黑方车 2 平 5，已胸有成竹。

34. ……　　　　　车 2 平 5　　　**35.** 帅五平四　　　车 5 退 2

36. 炮三平二　　　　炮 4 进 3

黑方升炮，准备续走炮二进三，炮 4 平 6 遮垫。如改走车 5 进 3，则兵五进一，演成有车杀无车之势，红亦胜势。

37. 车四进三！　　　马 7 退 6　　　**38.** 炮二平七

红方弃车，演成精彩的绝杀之势，令人称赞不已！

第 122 局　　马换双象　　有胆有识

如图 122，是"磐安伟业杯"全国象棋大师冠军赛黑龙江聂铁文与北京蒋川弈至第 36 回合的棋局。

37. 马三进五　　　　……

红方弃马换取黑方双象，摧毁黑方的防御体系，是取得胜利的精彩之着，真可谓有胆有识！

37. ……　　　　　象 3 退 5　　　**38.** 车五进三　　　马 1 退 3

黑方退马防杀，无奈之着，如改走炮 1 平 3，则马八退六，炮 3 进 2，马六进五，红亦胜势。

39. 马八进六　　　炮 1 进 2　　　**40.** 炮七进三　　　……

红方当然不能走炮四平九吃炮，否则马 7 进 5，黑方反败为胜。

40. ……　　　　　车 2 平 5　　　**41.** 马六进八　　　炮 4 退 1

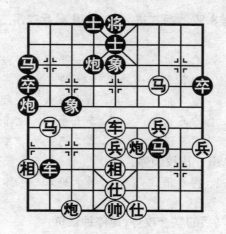

图 122

42. 马八进七　　　车 5 平 3　　　**43.** 马七退六　　　炮 4 进 1
44. 车五退二

红方退车伏马六进四的杀着，黑难解拆，遂停钟认负。

第 123 局　将不归位　难以防御

如图 123，是"磐安伟业杯"全国象棋大师冠军赛吉林洪智与北京张强弈至第 39 回合的棋局。

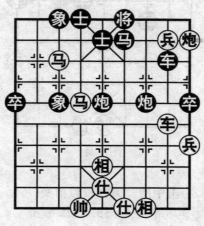

图 123

40. 车二平三　　　……

缓着，应改走炮一进一叫杀，黑如接走将 6 平 5，则车二平四，车 8 退 1（如炮

7平4,则车四进四,车8平3,兵二进一,士5退6,兵二平三,绝杀红胜),车四进
一,红方得子胜势。

40. ……	象3进5	41. 炮一平四	将6进1
42. 车三平五	炮5平6	43. 车五进二	将6退1
44. 兵二平三	炮7平4	45. 马七退六	象5进7
46. 马六退五	炮6退2	47. 车五平一	车8平9
48. 车一平二	车9退2	49. 车二退一	象3退5

失算,应改走象7退5比较顽强。

| 50. 马五进六 | 将6平5 | 51. 马六进八 | 炮6进2 |
| 52. 兵三平四 | | | |

黑方不敌红方车马兵的联合攻势,遂停钟认负。

第124局　捉马要杀　一击中的

如图124,是"椰树杯"象棋超级排位赛预赛上海万春林与北京张强弈至第
53回合的棋局。

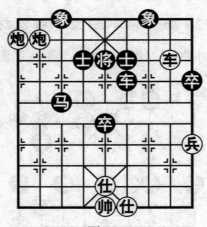

图 124

| 54. 车二退二 | …… | | |

红方退车捉马要杀,一击中的!黑方难以招架。

54. ……	车5平2	55. 车二平五	马3退5
56. 炮八平二	将5退1	57. 炮二退二!	车2进6
58. 仕五退六	车2退3	59. 车五进一	……

红方再得一子,加快了胜利步伐。

59. ······	象3进5	60. 车五退二	车2平9
61. 炮二平五	将5平6	62. 炮九退六	车9平6
63. 仕四进五	象5退3	64. 炮九平四	卒9进1
65. 炮五平二			

黑方少子不敌,遂停钟认负。

第 125 局　士象失尽　难抵车兵

如图125,是"荔城杯"全国象棋精英赛超快棋决赛上海万春林与广东吕钦弈至第35回合的棋局。

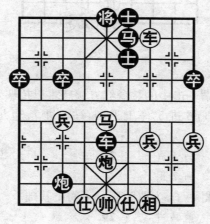

图 125

36. 马五进六 　　······

红方先进马叫将,然后再平车吃马,行棋秩序井然。如直接平车吃马,则炮3平6,红有麻烦。

36. ······	将5平4	37. 车三平四	炮3平6
38. 车四退一	车5进1	39. 仕四进五	车5退4
40. 车四进二	将4进1	41. 车四退一	将4退1
42. 车四退七	车5平4	43. 车四进三	

黑方士象失尽,难以抵挡红方车兵的攻击,遂停钟认负。

第 126 局　两献美酒　催杀谋子

如图126,是"椰树杯"象棋超级排位赛预赛黑龙江聂铁文与黑龙江郑一泓弈至红方第24着后的棋局。

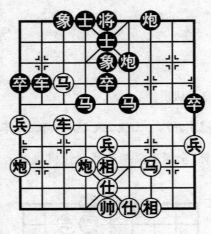

图 126

24. ……　　　　　　　　炮 6 平 7

黑方平炮催杀,可谓一击中的!令红方顿感难以招架。红如接走相三进一,则后炮进 7,炮六平三,马 6 进 5,车七退四,马 5 进 7,炮九平三,马 4 进 6,黑亦大占优势。

25. 马三进四　　　　马 4 进 5　　26. 车七退一　　　马 5 进 7!

27. 仕五退六　　　　马 7 退 6

黑借催杀之机,谋得一子,为取胜奠定了物质基础。

28. 仕四进五　　　　前马进 8　　29. 炮六退一　　　马 8 进 7

30. 炮六平三　　　　后炮进 8　　31. 炮九平七　　　前炮退 4

32. 炮七平六　　　　前炮退 1　　33. 马七进六　　　后炮退 1

34. 车七平六　　　　后炮平 4

红方少子不敌,遂停钟认负。

第 127 局　着法紧凑　取胜迅速

如图 127,是"椰树杯"象棋超级排位赛预赛沈阳金松与上海浦东董旭彬弈至红方第 26 着后的棋局。黑炮镇中,形成铁门栓之势;红车位置欠佳,明显处于下风。

26. ……　　　　　　　车 4 进 2

黑方进车捉马,紧凑有力,是迅速取胜的要着。

27. 马四退三　　　　……

红方弃马实属无奈,如改走马八进六,则马 3 进 5,红亦难应付。再如改走

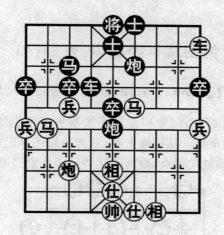

图 127

马八进七,则车 4 平 3,炮七平六,车 3 退 1,马七进五,马 3 退 4,炮六进六,车 3
退 2,黑方得子胜定。

27. ······	车 4 平 2	28. 马三进五	卒 5 进 1
29. 车一退二	炮 6 进 4		

黑方进炮又是一着加速胜利的好棋,既可以平中叫杀,又可以助黑马从中路
跃出。

30. 车一平七	炮 6 平 5	31. 兵七平六	马 3 进 5
32. 炮七退二	马 5 进 7	33. 车七进三	士 5 退 4
34. 车七退六	车 2 平 4	35. 炮七平八	马 7 进 8

黑方进马演成绝杀,红停钟认负。

第四章　经典中、残局(4)

第128局　车陷险地　兵家大忌

如图128，是"大江摩托杯"象棋全国个人赛男子甲组沈阳卜凤波与北京靳玉砚弈至第12回合的棋局。从枰面上看，双方布局还算正常，局势比较平稳，但红方抓住了黑方车居险地的弱点，取得了优势后步步紧逼最终获胜。实战如下：

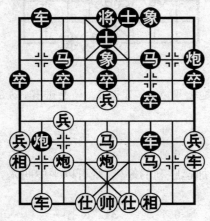

图 128

13. 兵五进一 　　　……
妙着！抓住黑车身陷险地之机，从中路打开缺口！

13. 　　　…… 　　　**车 7 平 6**
黑如改走马 3 进 5 去兵，则炮五进四，马 7 进 5，炮七进一打死黑车。

14. 兵五进一 　　　**象 7 进 5**
黑方如改走炮 9 平 5，则炮五进五，象 7 进 5，马五进六踩双，红大占优势。

15. 车一平二	**马 3 进 5**	**16. 仕六进五**	**马 5 进 4**
17. 炮七进一	**车 6 退 4**	**18. 炮七平六**	**车 2 进 2**
19. 车二进五	**炮 9 退 2**	**20. 车二退一**	**马 7 进 6**
21. 马五进四	**车 6 进 2**		

黑方如改走马 4 退 6，则车二平七，将 5 平 4，车七平六，将 4 平 5，车六平九，将 5 平 4，车九进三，将 4 进 1，炮五平六重炮杀！

22. 车二平六 　　　……

击中要害,迅速入局!

22.……　　　　　　　马 4 进 6　　**23. 炮六平五!**

红方伏车八进三去炮,黑如接走炮 2 退 2,则帅五平六,红胜。

第 129 局　三子归边　战术有方

如图 129,是"大江摩托杯"象棋全国个人赛男子甲组黑龙江赵国荣与北京张申宏弈至第 45 回合的棋局。

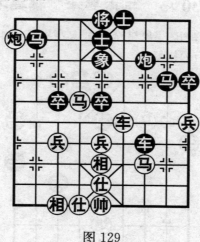

图 129

46. 车四平八!　　……

红方弃马,平车捉黑马,形成三子归边之势,是制胜的关键一着!真是艺高人胆大!

46.……　　　　　　　马 2 进 4　　**47. 炮九进一**　　　马 8 进 6

48. 马六进七　　……

达到三子归边的目的。

48.……　　　　　　　车 7 进 1　　**49. 车八进四!**　　……

凶狠之着,伏车八平六的绝杀!

49.……　　　　　　　象 5 退 7

黑方如改走炮 7 退 1,则车八进一,士 5 退 4,车八平六,将 5 进 1,车六退二,炮 7 进 1,车六平五!将 5 平 6(如改将 5 平 4,则马七进八杀),马七进六杀。

50. 马七进八　　　　马 4 退 3

黑若改走士 5 退 4,红则车八平六。

51. 车八平六　　　　士 5 进 4　　**52. 车六平七**　　　象 7 进 5

53. 马八退七　　　马 3 进 1　　　**54.** 马七进九　　　士 6 进 5

55. 车七进一

黑停钟认负。

以下的着法是：士 5 退 4，车七退四，士 4 进 5（如象 5 退 3，则车七平五），马九进七，士 5 退 4，马七退六，将 5 进 1，车七进三杀。

纵观此局，红方演绎了车马炮联合兵种精彩的战术组合，值得赞赏和学习。

第 130 局　　车离要津　棋理不容

如图 130，是"大江摩托杯"象棋全国个人赛男子甲组广东李鸿嘉与吉林陶汉明弈至红方第 31 着后的棋局。

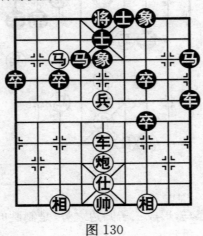

图 130

31. ……　　　　　车 9 进 5

败着。就形势而言，黑方只要化解红方中路攻势，就形成多卒占优的局面。因此应走马 9 进 8，再马 8 进 6 咬住红方中炮，红便无计可施。现黑车进红方底线，虽可得红方一相，但车离要津，红方乘机展开猛烈攻势，一举获胜。

32. 车五平八　　　车 9 平 7　　　**33.** 仕五退四　　　车 7 退 3

34. 车八进六　　　马 4 退 3　　　**35.** 兵五平六　　　车 7 平 5

36. 马七进九　　　将 5 平 4　　　**37.** 仕四进五　　　马 9 进 8

38. 兵六进一　　　马 8 进 6　　　**39.** 炮五平六　　　马 6 退 4

如改走将 4 平 5，则马九退八，车 5 平 4，马八进七，将 5 平 4，兵六平七，士 5 进 4，兵七进一，士 6 进 5，车八退二，将 4 进 1，车八平九，红方胜势；再如改走车 5 平 4，则马九进七，象 5 退 3，车八平七，将 4 进 1，车七退三，红亦胜势。

40. 兵六平七　　　士5进4　　41. 兵七进一　　　将4平5

42. 兵七平六

红胜。

第131局　一步之错　全盘皆输

如图131,是"大江摩托杯"象棋全国个人赛男子甲组黑龙江赵国荣与河北苗利明弈至第40回合的棋局。就形势而言,红方大占优势,下一着只要车八平五,黑方难以解脱红方车四进四的绝杀,红胜定。可是红方却走出了令人百思不解的败着,使黑方侥幸翻盘,实在可惜。

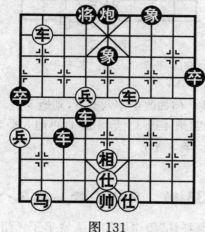

图 131

41. 仕五进六?　　车4进2　　42. 仕四进五　　车4平5

43. 马八进七　　　车3进1　　44. 车八退八　　车5进1

45. 帅五平四　　　车3平8

绝杀,黑胜。

第132局　强攻城池　速战速胜

如图132,是"大江摩托杯"象棋全国个人赛男子甲组广东宗永生与吉林洪智弈至红方第29着后的棋局。黑方炮镇中路,双车占据要津,随时都有炮轰中相和车吃中相的凶着。红方中相只有孤马守护,黑方正是抓住了红方这一致命的弱点,走出了:

29. ……　　　　　炮9进4

弃马强攻,使红方难以应付,是制胜的佳着。

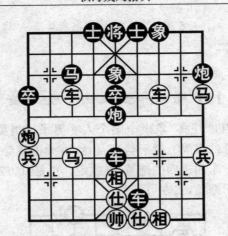

图 132

30. 车七进一　　　　炮9平3　　**31.** 车七平六　　　士4进5

32. 车六退一　　　……

无心恋战,造成速败。但如改走车六退五,则炮5进3,仕五进四(如帅五平六,则炮3平4,车六平八,炮4退3),炮3退1,再炮3平5,也是胜定。

32. ……　　　　　车5进1

黑胜定。

第133局　马踏中营　威风八面

如图133,是"大江摩托杯"象棋全国个人赛男子乙组开滦庄玉庭与四川朱

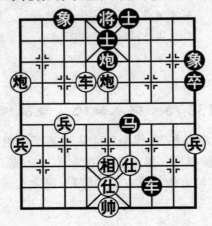

图 133

琼思弈至红方第33着后的局势。红方炮镇中路,只要走帅五平六就成绝杀之势。但黑方却利用马的威力,摧毁红方防线,抢先入局。实战着法如下:

33. …… 　　　　　马 6 进 5　　**34. 仕五进六** 　　　**……**

如改走帅五平六,则车 7 进 1,帅六进一,马 5 退 3,帅六进一,马 3 退 5,抽得红车获得胜利。

34. …… 　　　　　马 5 退 4　　**35. 帅五平四** 　　马 4 退 6

36. 炮九进三 　　　象 3 进 1　　**37. 车六平八** 　　车 7 进 1

黑抢先入局。

第 134 局　　炮突底线　"三军"联手

如图 134,是"大江摩托杯"象棋全国个人赛男子甲组吉林陶汉明与沈阳金波弈至第 55 回合的棋局。就形势而言,红方明显占优,怎样把优势转化成胜势呢?且看实战着法:

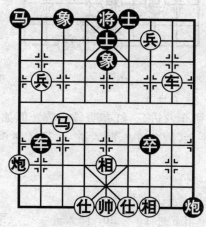

图 134

56. 炮九进六! 　　　　**……**

红方进炮,准备从黑方底线突破,是迅速入局的有力着法!

56. …… 　　　　　卒 7 进 1　　**57. 炮九平八** 　　车 2 平 6

58. 炮八进一 　　　象 3 进 1

如改走士 5 退 4,则仕六进五,卒 7 进 1,马七进六,黑亦难以应付。

59. 仕六进五 　　　卒 7 进 1　　**60. 车二平七** 　　卒 7 平 6

61. 马七进五

黑方难解红方车马炮的联合进攻,遂主动认负。

第 135 局　桃园结义　联手攻城

如图135,是"大江摩托杯"象棋全国个人赛男子甲组沈阳金波与云南郑新年弈至红方第28着后的棋局。纵观局势,双方各攻一边,但黑方右翼门户大开,而红方仕相背对黑方车马炮,有利于防守,形势当然对红方有利。

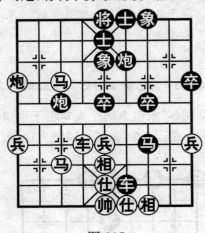

图 135

28. ……　　　　　　马7进5

黑如改走马7进8,则车六进三,红亦明显优势。但如红急于强攻而走炮九进三,则炮6平7,帅五平六,炮7进7,帅六进一,马8进6,帅六进一,炮7退2,黑捷足先登。

29. 帅五平六!　　……

好棋,出帅助攻,加大攻击力度!

29. ……	车6进1	30. 帅六进一	车6平3
31. 相三进五	车3退2	32. 炮九进三	士5进4
33. 马七退五	士6进5	34. 车六平八	炮6进6
35. 帅六退一	炮3平4	36. 车八进六	士5退4

37. 马五进六

此时黑方只有将5平6,则车八平六,将6进1,马六进八,黑方无法解脱红方的多种攻杀,故主动认负。

第 136 局　抓住良机　乘风破浪

如图136,是"大江摩托杯"象棋全国个人赛男子乙组镇江朱小虎与上海谢靖弈至第 20 回合的棋局。就形势而言，双方势均，红方此时只要走炮三平一，黑方就无计可施。黑方如走车 8 进 7，则红车四退二。红方怎样应着，请看实战：

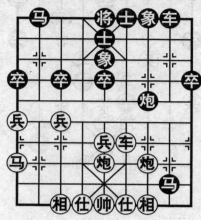

图 136

21. 炮三平四？　　车 8 进 6！

红方此步软着对黑方而言是天赐良机，车 8 进 6 正是抓住这一良机的最佳选择。

22. 车四进三　　……

红如走车四平二，则黑马 8 退 6 再马 6 退 8 得子胜定。

22. ……	车 8 平 7	**23. 炮四退一**	炮 7 进 5
24. 仕四进五	炮 7 平 8	**25. 仕五进六**	车 7 进 3
26. 帅五进一	车 7 退 1	**27. 帅五退一**	马 8 退 9！

28. 车四平一　　……

如改走马九进八，则炮 8 平 9，马八进七，车 7 进 1，帅五进一，炮 9 退 1，炮四进二，马 9 进 8，炮四退二，马 8 退 6！黑胜。

28. ……　　马 9 退 7

红方已看到以下的变化是车一平三，则车 7 进 1，帅五进一，炮 8 退 1，炮四退一，车 7 退 1，红要丢子，遂爽快认负。

第 137 局　不畏霸主　一锤定音

如图 137，是"大江摩托杯"象棋全国个人赛男子甲组上海胡荣华与农协程进超弈至第 39 回合的棋局。如图形势，红方帅已出宫，随时受到黑方双车、马、炮的攻击，处境相当危险，红方能化解这一险情吗？请看实战：

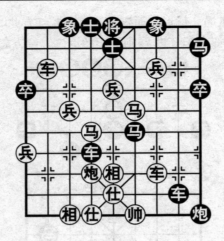

图 137

40. 车三进二　　　……

如改走车三平二,则车8退1,炮六平二,马6进7,帅四进一(如帅四平五,则车4平8),马7进8,帅四进一,车4平8。黑胜定。

40. ……　　　　车4平9!

弃马强攻,胸有成竹,精妙之着! 敢在棋王头上动土,精神可嘉!

41. 帅四平五　　　……

无奈之着,如改走车三平四吃马,则黑方有长短车杀着。

41. ……　　　马6进4　　**42.** 车八退四　　车9进2!

43. 马四退三　　　……

如改走车八平六吃马,则车8进1,仕五退四,车9平6绝杀! 黑胜。

43. ……　　　　车8平7

黑胜定。

第138局　车炮锁将　兵到成功

如图138,是"大江摩托杯"象棋全国个人赛男子甲组河北苗利明与沈阳金波弈至红方第46着后的棋局。这是一例很常见的实用残局。红方要想取得胜利,红兵的作用是至关重要的,实战如何呢? 请看:

46. ……　　　　车5退3

黑方退车的目的很明显就是要阻止红兵前进,除此之外,也没有其他着子好走。

47. 车七退一　　　马4进3　　**48.** 车七进一　　马3退4

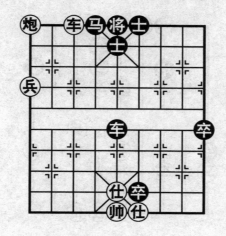

图 138

49. 兵九平八　　　　车 5 平 1　　**50.** 兵八平七　　　　卒 9 平 8

51. 帅五平六　　　　车 1 平 4　　**52.** 帅六平五　　　　车 4 平 1

53. 兵七进一　　　　车 1 进 7

当然不能走车 1 平 3 吃兵,因为红方车七退一,叫将,黑丢车。

54. 仕五退六　　　　卒 6 进 1　　**55.** 帅五进一　　　　车 1 退 1

56. 帅五进一　　　　车 1 退 1　　**57.** 帅五退一　　　　车 1 进 1

至此,黑方超时致负。黑如不超时可改走车 1 退 2,以下兵七平六,车 1 平
5,帅五平四,红亦胜定。

第139局　兵打头阵　决策成功

如图 139,是"大江摩托杯"象棋全国个人赛女子组黑龙江郭莉萍与浙江金
海英弈至第 27 回合的棋局。纵观形势,黑方缺少一象,而且子力占位欠佳,红方
显然占优,怎样扩大优势? 突破口在哪里? 请看实战:

28. 兵三进一!　　　　……

红方兑兵好棋! 一举撕破了黑方防线。

28.……　　　　　　卒 7 进 1　　**29.** 马一退三　　　　车 1 平 5

30. 马三进五　　　　炮 3 平 5　　**31.** 车七进七　　　　车 5 平 2

32. 炮八进三　　　　车 6 平 8　　**33.** 马五进七　　　　车 2 退 6

用车换炮,无奈之举,败局已定。

34. 车七平八　　　　炮 5 平 4　　**35.** 车八平六　　　　……

精彩之着!

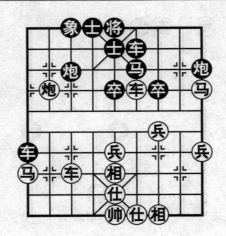

图 139

35.…… 　　　　　　士5退4　　**36.车四进一**

黑方少子失势，遂停钟认负。

第 **140** 局　弃子争先　双雄发威

如图140，是"大江摩托杯"象棋全国个人赛男子甲组黑龙江张晓平与农协程进超弈至第43回合的棋局。红方利用黑方右翼空虚弃子取势，走得异常精彩。

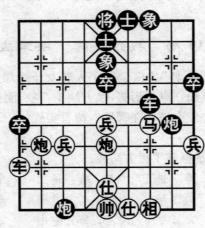

图 140

44.车九进二 　　　　　　……

红方弃马杀卒，攻法简捷，是一步好着。

44. ┄┄┄┄ 象 5 退 3

黑如改走车 7 进 1 吃马,则红炮五进三,炮 8 平 5,帅五平六,炮 5 平 4,车九进五,炮 4 退 5,车九平六杀!

45. 炮八进一　　将 5 平 4　　**46.** 车九退四　　炮 3 退 2

47. 车九平六　　士 5 进 4

如改走将 4 平 5,则炮五平三打死黑车胜定。

48. 车六进七　　将 4 平 5　　**49.** 帅五平六　　将 5 进 1

50. 车六进一　　将 5 退 1　　**51.** 炮五平三　　车 7 平 6

52. 炮八进五　　象 3 进 1　　**53.** 炮三进六　　士 6 进 5

54. 车六进一　　红胜。

纵观整个入局过程,红方把双炮走得相当灵活,充分发挥了它们的威力,值得我们学习和借鉴。

第 141 局　出帅助战　奇功建成

如图 141,是"大江摩托杯"象棋全国个人赛男子甲组甘肃潘振波与江苏徐天红弈至第 39 回合的棋局。红方虽少一仕但多兵,黑方子力分散,一时难对红方构成威胁。红方抓住时机,强攻黑方城池,一举获胜。

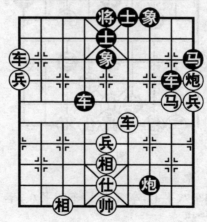

图 141

40. 车九进二　　士 5 退 4

黑如改走车 4 退 4,则车九平六,士 5 退 4,车四进二,红多兵胜定。

41. 帅五平四　　┄┄┄┄

出帅助战,精妙之着!

41. ……　　　　　士6进5　　42. 马二进四！　　车4进4

黑车重任在肩,不敢车4平5吃仕,因红有马四进六弃马的杀着。

43. 马四进五！　　……

弃马踩士,凶狠之着!

43. ……　　　　　车8进6　　44. 帅四进一　　马9进7

45. 车四进五　　　　将5进1　　46. 炮一进二

以下车九退一,车4退7,车四退一,将5退1,车四平六,红方得车后再车九进一绝杀,黑方认负。

第142局　迅速出击　车炮建功

如图142,是"大江摩托杯"象棋全国个人赛男子甲组吉林陶汉明与开滦景学义弈至第21回合的棋局。就形势而言,双方子力虽然相当,但黑方缺少一象,棋谚云:缺象怕炮。红方就是抓住黑方这一致命弱点,迅速出击,获得胜利。

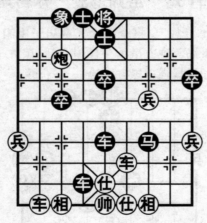

图 142

22. 车八进九！　　象3进5

如改走车4退6,则车八平七,卒3进1,车四平八,卒3平2,车八平七,卒2进1,前车平八,红大占优势。

23. 炮七平九　　　　车5平3　　24. 相七进九　　车3平1

25. 炮九进二　　　　马7退5　　26. 车四平二　　象5退7

27. 车二进七　　　　……

红方如改走车八退八抽车,则车1退6,车八平六,马5退7,车二进七,马7退6,车二平一,亦是胜势,但进车捉象胜得更快。

27.…… 车1进1

应走车4退5顽强防守,不至于丢车速败。

28. 车八退八 车1退7 **29. 车八平六**

最后,红双车、兵必胜黑车、马、双士。黑方认负。

第143局 成竹在胸 天地炮威

如图143,是"大江摩托杯"象棋全国个人赛男子甲组黑龙江聂铁文与上海孙勇征弈至第18回合的棋局。纵观局势,错综复杂,双方互有杀机,谁能掌握变化的规律,谁就能掌握主动,赢得胜利。

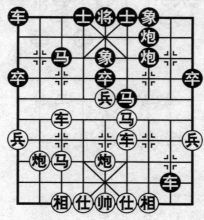

图 143

19. 兵五平四! ……

红置底线危险于不顾,平兵吃马,由此挑起激烈的对攻,有胆有识!

19.…… 后炮进8 **20. 仕四进五** 前炮平9

21. 车四平三 车8进1

应改走炮7平6,红若接走车三进六,则炮6进3,红不能走车七进三吃马,因黑有炮6平5的凶着,黑足可抗衡。

22. 仕五退四 炮7平6 **23. 车三进六** 车1进2

黑若改走炮6进3,则车七进三,炮6平5,炮五进四!象5退7(如士4进5,则帅五进一),车七平五,士4进5,车五平二,象7进5,车二退七,车1平3,车二平一,车3进7,炮八退一,红多子占优。

24. 炮八进二 炮6退1 **25. 兵四进一** 炮6平3

26. 炮八进五

以下黑若炮 3 退 1，则兵四平五；黑若士 4 进 5，则红炮五进五。黑不免一败，主动认负。

第 144 局　车换双子　妙手连珠

如图 144，是"大江摩托杯"象棋全国个人赛男子甲组北京张申宏与江苏王斌弈至第 22 回合的棋局。红方分析局势后，走出令黑方感到意外的一着：

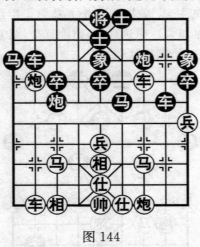

图 144

23. 车三进一！　……

精彩！红方一车换双，由此扩大优势。

23. …… 马 6 退 7　**24. 炮三进七** 象 5 退 3

25. 炮八平五 车 2 平 5　**26. 炮三平九** 象 3 进 1

如改走车 5 进 1，则炮九进二，士 5 退 4，马三进四，车 8 平 6，马七进六，黑丢一车，红多子胜定。

27. 炮五退二 象 1 退 3　**28. 车八进六** 车 8 退 1

29. 马七进八 将 5 平 4　**30. 马八进九** 象 3 进 1

黑如改走车 8 平 4，则马九进八，将 4 平 5（如将 4 进 1，则马三进二，车 5 平 3，马二进四，车 4 进 1，马四进五，车 3 平 5，车八平七，红方胜势），马三进二，炮 2 平 7，马二进四，车 5 进 2，车八平七，车 4 平 3，马八退七，车 5 退 1，马四进三，红得车胜定。

31. 车八进三 将 4 进 1　**32. 炮五平六** 士 5 进 6

33. 马三进四 将 4 平 5　**34. 马四进六** 车 5 进 2

35. 车八退一 将 5 退 1　**36. 马六进七**

红胜。

第145局　放马"出笼"　后患无穷

如图145,是"大江摩托杯"象棋全国个人赛男子甲组广东吕钦与河北苗利明弈至红方第26着后的棋局。黑方只要控制红方四路马,使它无法跃出,红方要想取胜就很困难。黑方能做到这一点吗?请看实战:

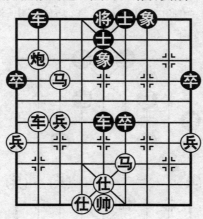

图 145

26.…… 　　　　　车5进2

随手之着,红马乘机跃出,导致黑方最终失败。应走车5进1,下一步卒6进1,逼回红马,增加红方取胜的难度。

27. 马四进二! 　　　　……

红马乘机跃出,佳着!

27.…… 　　　　卒6平7　　**28. 马二进三** 　　车2平1

黑如象5进7吃马,则红炮八平五抽到黑车胜定。

29. 马三进二 　　车5退4　　**30. 兵七进一** 　　车5平8

黑如改走象5进3,则马二进一,车5平7(如车5平6,则马一退三,车6退2,车八平三),马七退五,车7退1,炮八进一,士5进4,马五退三,红亦优势。

31. 马七退五 　　象5进3　　**32. 马二进三** 　　车8平5

33. 炮八平一! 　　象3退5

黑若改走车5进1吃马,则红炮一进二,象3退5,马三退四,象5退7,马四退五,红得车胜定。

34. 马三退二 　　士5进6　　**35. 炮一进二** 　　象5退7

36. 马二进三

红胜。

第 146 局　巧妙跃出　冷杀成功

如图 146,是"杨官璘杯"广东象棋大师黄海林与上海象棋大师葛维蒲弈至第 32 回合的棋局。红马被黑马压住,活动空间受制,它与红车不能密切联系,就不能构成对黑方的威胁。但红马却穿越九宫,巧妙跃出,演成令黑方难以防范的车马冷着的局势。实战如下:

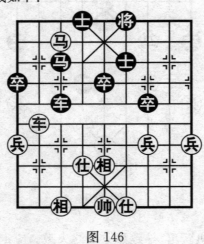

图 146

33. 车八平二　　　　士 4 进 5　　**34.** 车二进五　　　将 6 进 1

35. 马七进五　　　　……

红进马是本局的精华所在。至此,红方车马均在黑方薄弱的一侧,对黑方构成巨大的威胁,是取胜的妙着。

35. ……　　　　　　车 3 进 2　　**36.** 马五退三　　　士 5 退 6

黑如改走车 3 平 7,则马三退一,士 5 退 4,车二平五,士 6 退 5,马一退三,将 6 进 1,车五平二,红胜。

37. 马三退四　　　　将 6 平 5　　**38.** 车二平四　　　马 3 进 4

39. 马四退五　　　　……

红方不能走车四退二去士,否则黑车 3 平 6,红方失马。

39. ……　　　　　　车 3 平 1　　**40.** 马五进六　　　将 5 平 4

41. 马六进八　　　　马 4 退 3

黑如改走将 4 平 5,则马八进七,将 5 平 4,车四退二,伏车四平六的杀着,黑亦难应付。

42. 车四退二　　　车1平3　　　**43.** 车四平三

黑方藩篱尽失,无法防范,遂停钟认负。

第147局 步步紧逼 捷足先登

如图147,是"杨官璘杯"广东象棋大师黎德志与湖南象棋大师肖革联弈至红方第24着的棋局。可以看出,双方的攻杀多么激烈,稍有不慎,都会招致杀身之祸。红兵只要再前进一步,就形成绝杀,黑方怎样应对呢?请看:

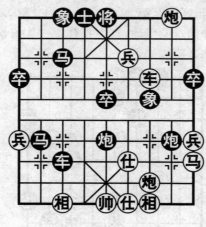

图147

24.……　　　　　　　炮8进2

黑方进炮催杀,大有捷足先登之势,构思十分巧妙!

25. 炮三平六　　　　　……

红如改走炮三进一,则马2进3,帅五进一(如帅五平六,则前马退5,帅六进一,马5进6,帅六平五,车3进1,帅五退一,马6退5,仕四进五,车3进1,黑胜),马3退5,帅五平四,马5进4,帅四平五,车3进1,帅五退一,马4退5,黑胜。

25.……　　　　　　　马2退4　　　**26.** 炮六进二　　　……

红如改走兵四进一,则马4进5,仕四进五,车3进2,炮六退一,马5进3,帅五平四,炮5平6,黑方抢先成杀。

26.……　　　　　　　炮8退3　　　**27.** 帅五进一　　　……

红如改走马一进三,则黑炮8平7,红亦难应付。

27.……　　　　　　　炮8平5　　　**28.** 帅五平四　　　后炮平6

29. 帅四平五　　　　**车 3 进 1**　　　**30. 帅五退一**　　……

红如改走帅五进一,则炮 6 平 5,帅五平六,马 4 进 2,炮六平七,车 3 退 2,也是黑胜。

30. ……　　　　　　**车 3 平 4**　　　**31. 马一进三**　　　**炮 6 平 7**

黑方得车胜定。

第 148 局　　进马卧槽　　直捣黄龙

如图 148,是第 3 届象棋特级大师赛广东特级大师许银川与黑龙江特级大师赵国荣加赛第 2 局快棋赛弈至第 24 回合的棋局。红方车、双马、双炮位置俱佳,而黑方五子处于攻守两难的境地,红方抓住这一大好时机,以迅雷不及掩耳之势,一举攻下黑方城池。实战如下:

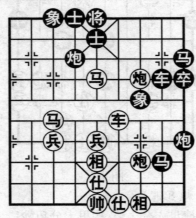

图 148

25. 马七进八　　　　……

红方进槽,顿使黑方左右为难,是迅速制胜的关键之着。

25. ……　　　　　　**象 7 退 5**

黑如改走炮 4 平 2,则马五进三,伏马八进六的杀着,令黑方难以应付。

26. 马八进七　　　　**炮 4 退 1**　　　**27. 车四平六**　　　**车 8 平 7**
28. 车六进四　　　　**将 5 平 6**　　　**29. 车六退四**　　　**将 6 进 1**

30. 马五退四

黑方不敌红方车、炮、双马的联合攻击,遂停钟认负。

第149局　车马冷着　上乘佳作

如图149,是第3届全国象棋特级大师赛黑龙江特级大师赵国荣与江苏特级大师王斌弈至第27回合的棋局。红方挂角马使黑将离位,红方采用连消带打的战术使黑将疲于奔命,最后在炮的配合下一举擒将,弈来异常精彩,实战如下:

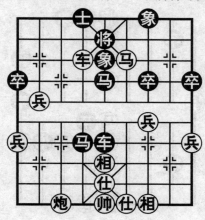

图 149

28. 帅五平六　　　……

红方出帅牵制黑方车马,暗伏炮七进三得马手段,是一步佳着。

28. ……	马5进6	**29.** 车六进二	车5平9
30. 车六平九	将5平6	**31.** 马四进二	将6平5
32. 车九退一	将5退1	**33.** 马二退四	将5平4

黑如改走将5平6,则车九平五,红方速胜。

34. 车九退二	将4进1	**35.** 炮七进四	……

红方升炮,演成车马炮三子合围之势,黑败局已定。

35. ……	车9退2	**36.** 车九平六	将4平5
37. 炮七平五	将5平6		

黑如改走象5退3,则车六进二,将5进1,马四退五,马6退5,马五进三,将5平6,马三进二杀。

38. 马四进二

红方进马,演成绝杀之势,黑遂停钟认负。

第 150 局　车寒十子　双炮攻营

如图 150,是第 3 届全国象棋特级大师赛湖北特级大师柳大华与河北特级大师刘殿中弈至第 26 回合的棋局。红方炮镇中路,且 4 子联手,已为总攻创造了有利条件。

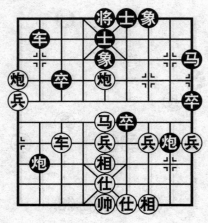

图 150

27. 车七进三　　……
去卒要杀,标志着总攻的开始。

27. ……　　　将 5 平 4
如黑改走车 2 退 1,则红可先马五进四再炮五退一,黑难应付。

28. 车七平六　　车 2 平 4
黑如改走将 4 平 5,则帅五平六,车 2 退 1,马五进七,红亦胜势。

29. 车六平八　　车 4 进 3　　**30.** 马五退七　　车 4 进 2
31. 车八进三　　将 4 进 1　　**32.** 车八退七　　车 4 平 3
33. 车八平六　　士 5 进 4　　**34.** 炮九平六　　士 4 退 5
35. 炮六退一　　将 4 退 1　　**36.** 炮六平七

黑如接走将 4 平 5,则帅五平六,绝杀红胜。

第 151 局　车炮联手　凯歌高奏

如图 151,是第 3 届全国象棋特级大师赛江苏特级大师王斌与辽宁特级大师卜凤波弈至第 80 回合的棋局。

81. 仕六退五　　　……

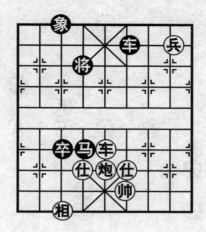

图 151

红方弃兵退仕，算定可以演成车炮有仕相必胜车马孤象的残棋，是一步制胜的好着！

81.……	车 6 平 8	82. 炮五平六	马 4 退 3
83. 车五平七	象 3 进 1	84. 炮六退二	车 8 进 8
85. 炮六进一	将 4 平 5	86. 车七平五	将 5 平 6
87. 车五平四	将 6 平 5	88. 仕五进六	将 5 退 1

黑如改走车 8 退 6，则仕四退五，将 5 退 1，炮六退一，象 1 退 3，炮六平五，象 3 进 5(如将 5 平 4，则车四进五，将 4 退 1，车四退三)，车四进五，将 5 退 1，车四退一，红亦胜势。

89. 车四平五	将 5 平 6	90. 帅四平五	车 8 退 7

91. 炮六退一

黑方不敌红方车炮的攻击，遂停钟认负。

第 152 局　老将守宫　车炮凯旋

如图 152，是第 3 届"嘉周杯"象棋特级大师冠军赛吉林特级大师陶汉明与湖北特级大师柳大华弈至红方第 54 着后的棋局。

54.……　　　　卒 5 进 1

黑方献卒叫将，可得红方一马，以多两子取胜，无可非议。但黑卒的攻击力此时已胜过一炮，弃掉甚为可惜，如改走前炮平 7，则取胜更快。

红如走车八平九，则车 6 退 3，红难以应付。以下黑方挟多两子之利，进入残局，弈得相当老练，终因多子而取胜。

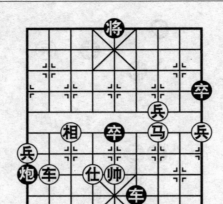

图 152

55. 马三退五	车 6 退 2	56. 帅五退一	车 6 平 5
57. 相三进五	后炮进 1	58. 兵三进一	车 5 平 3
59. 兵三平四	车 3 进 2	60. 帅五退一	车 3 退 3
61. 兵九进一	车 3 进 4	62. 帅五进一	车 3 退 1
63. 帅五退一	后炮平 2	64. 车八平九	车 3 进 1
65. 帅五进一	车 3 平 6	66. 兵四平五	车 6 平 8
67. 帅五平六	车 8 退 1	68. 帅六退一	车 8 退 5
69. 兵五进一	车 8 退 1	70. 帅六进一	车 8 平 5
71. 车九退二	炮 2 退 7		

红方仕相残缺，不敌黑方车炮的攻击，遂停钟认负。

第 153 局　弃车砍炮　一击中的

如图 153，是第 3 届"嘉周杯"象棋特级大师冠军赛黑龙江女子特级大师王琳娜与江苏女子特级大师张国凤弈至第 24 回合的棋局。红方车马炮已攻入黑方腹地，占有明显优势，但有一黑炮的守护，红马不能卧槽叫"将"，怎样拔掉黑炮这颗"钉子"，打开局面呢？请看：

25. 车七进五　　……

弃车砍炮，算度精妙，是本局的精华！

25.……　　　象 7 进 5

黑如改走卒 3 进 1，则马五进七，将 5 平 4，马六退七，炮 4 平 3，车二退三，红速胜。

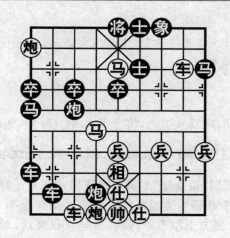

图 153

26. 车七平九 　　车1退3　　**27.** 炮九退三　　卒1进1

28. 车二平一

红方多子胜定。

第154局　巧兵入宫　进炮擒王

如图154,是第3届"嘉周杯"象棋特级大师冠军赛吉林陶汉明与火车头于幼华弈至第72回合的棋局。红方入局简捷明快,扣人心弦。

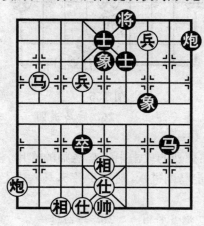

图 154

73. 兵三平四　　……

红方弃兵欺将,巧着!黑不能走将6进1,否则红炮九进七,叫"将"抽炮,红方得子胜定。

73.……　　　　将 6 平 5　　**74. 炮九进三**　　……

下伏炮九平六的杀着。

74.……　　　　马 8 进 7　　**75. 帅五平四**　　马 7 退 6

76. 炮九进一

黑如接走士 5 退 6,则马八进六,将 5 平 4,炮九平六,绝杀红胜。

第 155 局　双马盘槽　建业立功

如图 155,是第 15 届"银荔杯"象棋争霸赛黑龙江女子特级大师王琳娜与广东女子象棋大师文静争夺霸主的四番棋中的第 3 局弈至第 24 回合的棋局。红方车塞象眼,空心炮令黑方士象不能转换,双马又很灵活,对黑方随时会出现杀机。红方入局相当精彩,实战如下:

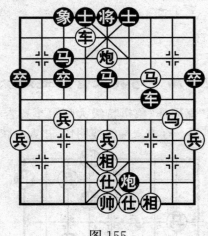

图 155

25. 马三进二　　　车 7 退 2　　**26. 后马进四**　　车 7 平 8

27. 帅五平六　　　……

本局的精华所在,在猛烈的攻击中不忘老帅的作用,棋艺素养之高,令人钦佩。如果杀心过急而改走马四进六,则车 8 平 5,马六进七,车 5 退 1,马二退四,马 5 退 6,红将功亏一篑。

27.……　　　　炮 6 平 8　　**28. 马四进六**　　车 8 平 5

如改走炮 8 退 7 吃马,则车六平五杀。

29. 马六进七　　　车 5 平 8　　**30. 车六平三**　　马 5 退 4

31. 车三平六

黑方难以解脱红方车马的杀势，遂停钟认负。

第 156 局 有惊无险 从容入局

如图 156，是第 15 届"银荔杯"象棋争霸赛黑龙江女子象棋特级大师王琳娜与广东女子象棋大师文静争夺霸主的四番棋中的第一局弈至红方第 55 着后的棋局。

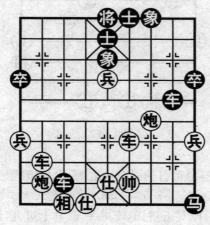

图 156

| 55. …… | 车 8 进 5 | | |

黑应改走车 8 进 4，以下帅四退一，车 8 进 1，尚可争得一先。

| 56. 兵五进一 | 马 9 退 8 | 57. 炮三退二 | 象 7 进 5 |
| 58. 车八进七 | 象 5 退 3 | 59. 车八平九！ | …… |

红方平车形成巧妙杀势，黑败局已定。

59. ……	车 8 退 1	60. 帅四退一	车 8 进 1
61. 帅四进一	车 8 平 4	62. 炮八进八	象 3 进 1
63. 炮八退七	象 1 退 3	64. 炮八平二	士 5 进 6
65. 炮二进七			

黑如接走将 5 进 1（如士 6 进 5，则炮三进七重炮杀），则车九退一，车 4 退 8，车四平五，将 5 平 6，车九平六，士 6 进 5，炮三平四杀。

第 157 局 妙兑单车 马踏中营

如图 157，是"交通安全杯"象棋特级大师南北对抗赛北方队赵国荣与南方队万春林弈至第 26 回合的棋局。红方双车双马炮的位置极佳，总攻从中路打响：

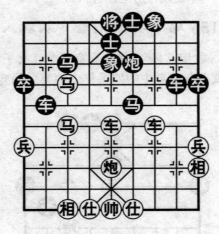

图 157

27. 车五进一　　　……

红方进车迫兑,是连消带打的强有力之着,令黑方顿感难以应付。

27. ……　　　车 2 平 5　　**28. 后马进五**　　炮 6 退 1

黑如改走车 8 退 1,则马五进四,车 8 平 6,马七进九,红方胜势。

29. 车三进四　　　车 8 平 6　　**30. 马七进五**　　将 5 平 4

31. 车三进一　　　车 6 平 4

黑如改走炮 6 平 8,则仕四进五,红方下伏炮五平六的手段,黑方亦难应付。

32. 前马退四　　　车 4 进 6　　**33. 帅五进一**　　马 3 进 2

34. 马四进五

黑方下一着如走马 2 进 4,则车三平四,将 4 进 1,前马退七,马 4 退 3,马五进七,将 4 进 1,车四平八,炮 6 进 1,车八退一,红胜。

在少子失势的局势下,黑方停钟认负。

第 158 局　机不可失　时不再来

如图 158,是"交通安全杯"象棋特级大师南北对抗赛南方队胡荣华与北方队于幼华弈至第 24 回合的棋局。红方对局势审度后认为黑方右车不能左移,左边空虚,一车换双后形成红方车马炮攻击黑方单车守护的左翼,形势相当有利。

25. 车九进一　　　……

迅速扩先的佳着!

25. ……　　　象 3 进 1　　**26. 车三进一**　　将 5 平 6

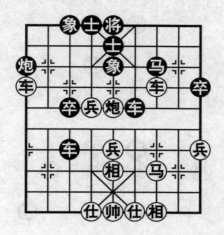

图 158

黑如改走象 1 退 3,则马三进二,车 6 退 4,马二进一,车 3 平 5,马一进二,红得子胜定。

27. 车三平二	车 6 平 7	**28.** 马三进二	车 3 平 5
29. 车二退一	车 7 进 5	**30.** 马二进四	车 5 进 1
31. 仕六进五	象 1 退 3	**32.** 炮五退二	车 5 退 1

黑方以车啃炮,无奈之着。如改走士 5 进 6,则炮五平四,将 6 平 5,马四进六再马六进七的杀着,红亦胜定。

33. 马四退五	车 7 退 3	**34.** 马五进四	车 7 退 2
35. 兵六平五	卒 9 进 1	**36.** 车二退一	

兑车后可形成红方马、双兵必胜黑方卒、士象全的残棋,黑遂停钟认负。

第 159 局　疏于防范　失败自然

如图 159,是"交通安全杯"象棋特级大师南北对抗赛北方队陶汉明与南方队许银川弈至第 60 回合的棋局。就形势而言,黑方虽然优势,但红方只要全力防守,和棋的希望是相当大的。实际情况如何呢?请看实战:

61. 马六退八　　　……

失算,应走马六退七,尚无大碍。

61. ……　　　　马 6 进 4

黑方抓住红方的软着,乘机掳去一仕,扩大了优势,是一步好棋。

62. 马八退七　　　……

红如改走仕五进六去马,则卒 4 进 1,帅六平五,卒 4 进 1,帅五平四,卒 4 平

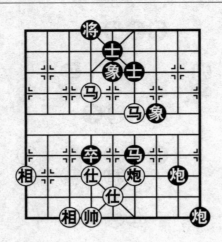

图 159

5,绝杀黑胜。

62. ……	马 4 退 6	**63.** 马七进六	马 6 退 5
64. 马四退三	炮 8 进 2	**65.** 帅六进一	炮 8 退 4
66. 马三进五	炮 9 退 4	**67.** 炮四平五	卒 4 平 5
68. 炮五平六	将 4 平 5		

红若逃马,则炮 8 平 4,红亦难应付。有鉴于此,红遂停钟认负。

第 160 局 联合舰队 威力无比

如图 160,是"交通安全杯"象棋特级大师南北对抗赛南方队吕钦与北方队陶汉明弈至第 36 回合的棋局。红方炮镇中路且形成空心,车炮可随时抽将,若红马跃出,如虎添翼。红方占有明显优势。怎样入局呢?且看红方精彩表演:

37. 车八平五	士 4 退 5	**38.** 车五平三	车 7 平 5
39. 马九进八	马 4 进 5	**40.** 车三平八	将 5 平 4
41. 马八进六	……		

红方进马邀兑,精巧之着,顿令黑方为难。

41. …… 车 5 平 4

黑如改走马 5 进 4,则车八平六,将 4 平 5,车六退三后再帅五平六,形成绝杀之势。

42. 车八进四	将 4 进 1	**43.** 车八退一	马 5 退 3

如改走将 4 退 1(如将 4 进 1,则马六进四杀),则马六进七,将 4 平 5,车八进一,车 4 退 6,车八平六杀。

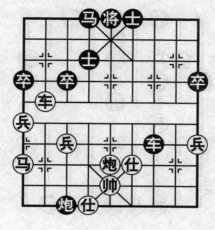

图 160

44. 炮五平六　　……

献炮伏杀，精妙异常！

44. ……　　　　　车 4 进 1　　**45. 车八平七**　　将 4 退 1

46. 马六进七

黑只有走车 4 退 5（如将 4 平 5，则车七进一，车 4 退 7，车七平六杀），则车七进一，将 4 进 1，车七平六，士 5 退 4，马七进八妙杀。红胜。

第 161 局　前仆后继　争抢头功

如图 161，是第 3 届"威凯房地产杯"全国象棋精英赛大师组河北大师陈翀与黑龙江大师聂铁文弈至第 20 回合的棋局。乍看起来，局势好像很复杂，双方似乎都有机会。但红方借先行之利，不给黑方任何机会，弈来相当精彩。

21. 马七进五　　　　……

弃马踏士是总攻的开始，是一步佳着。

21. ……　　　　　士 6 进 5　　**22. 炮五进三**　　炮 7 平 4

黑如改走将 5 平 6，则马五进四，接着有炮八平四的攻击手段，黑亦难应付。

23. 仕五退四　　　　炮 4 退 9

黑如改走炮 4 平 6，则车九平四，炮 6 平 3，帅五进一，车 8 退 9，车三平四，将 5 平 4，马五进六，红亦胜势。

24. 车九平三　　　　车 8 退 9

黑如改走将 5 平 6，则后车平四，将 6 平 5，车四进七，车 3 进 1，马五进四，车 8 退 7，炮八平五，黑亦难支撑。

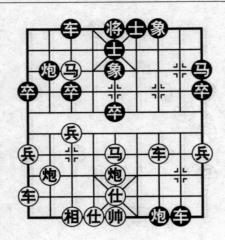

图 161

25. 马五进四　　　车3进1　　26. 炮八平五　　　炮2进7

27. 相七进九　　　车3平4　　28. 马四进五

黑如接走象7进5,则后炮进五,将5平6,后车平四,士5进6,车四进六,车4平6,车四进一,将6进1,车三平四,红胜。

第 162 局　骏马奔腾　一泻千里

如图162,是第3届"威凯房地产杯"全国象棋精英赛大师组广东大师黄海林与吉林大师胡庆阳弈至第38回合的棋局。红方车马炮占位极佳,随时都有马卧槽的杀着,黑方局势凶多吉少。

39. 相五进七　　　……

红方针对黑方致命弱点,利用高相作炮架,把黑车赶走,为马卧槽铺平道路,是扩先的佳着。

39. ……　　　车3退2　　40. 炮六平七　　　车3平4

41. 车八平七　　　后马退8　　42. 兵五进一　　　……

红兵过河助战,其势更盛!如随手走炮七平六,则车4进1,车七平六,马7进5,车六平二,马5进4,仕五进六,马8进6,车二平一,马6进7,车一退一,马7进9,单车难胜士象全,和定。

42. ……　　　士5进6　　43. 兵五平四　　　马7进9

44. 炮七平六　　　车4平2　　45. 炮六平五　　　将5平4

46. 马六进七

黑方不敌红方车马炮兵的联合攻势,遂停钟认负。

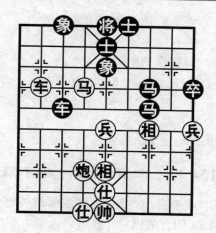

图 162

第 163 局　无车得势　小兵建功

如图 163，是第 3 届"威凯房地产杯"全国象棋精英赛大师组北京蒋川与煤矿大师景学义弈至第 46 回合的棋局。红方虽然无车，但得势后步步紧逼最终获胜，着法相当精彩。

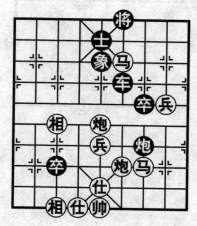

图 163

47. 兵二平三　　　……

红兵吃卒，不怕黑士撑马，黑如士 5 进 6，则炮四进三，下伏炮五平四打死车的手段，红方胜定。

47. ……　　　车 6 进 2　　**48.** 马四退五　　将 6 平 5

49. 炮五进三	将 5 平 4	50. 相七进五	卒 3 进 1
51. 相五退七	……		

红相一进一退,秩序井然,意图明确。

51. ……	车 6 退 2	52. 炮四平六	车 6 平 5
53. 马五退六	士 5 进 4	54. 马六进七	车 5 平 4
55. 马七退五			

红方退马捉双再得一子,黑遂停钟认负。

第 164 局　三子归边　防不胜防

如图 164,是第 3 届"威凯房地产杯"全国象棋精英赛大师组吉林大师洪智与江苏大师徐超弈至第 22 回合的棋局。红炮已入黑方空门,车、双马位置俱佳,红车右移就形成"三子归边"之势,黑方难挽败局。实战如下:

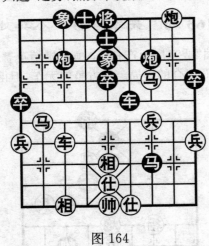

图 164

23. 车七平二	……		

红车右移,已成三子归边,黑方难以应付。

23. ……	炮 7 平 8	24. 炮二平一	车 6 退 2
25. 马八进六	炮 3 退 1		

黑如改走炮 3 进 2,则马三进二,车 6 平 7,马六进四,车 7 进 1,车二进四,车 7 平 6,车二平三,红亦胜定。

26. 马六进八	炮 3 平 4	27. 炮一退二

红胜定。

第 165 局　滴水不漏　秩序井然

如图 165，是第 3 届"威凯房地产杯"全国象棋精英赛大师组辽宁大师尚威与浙江大师邱东弈至红方第 24 着后的棋局。红方虽多一子，但缺一相，俗话说缺相怕炮，黑方沉底炮对红方构成致命威胁。黑方已大占优势。怎样把优势转化成胜势呢？请看实战：

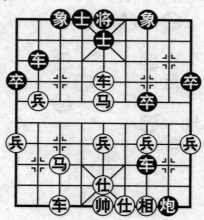

图 165

24. ……	车 2 平 8		

平车保炮，制胜的重要一步！如改走车 7 进 2，则红车五平二，炮 8 平 9，兵八平七，黑 2 路车无好位置可占，红方下一着车二退四，再车二平一盯住黑炮，必要时可啃掉黑炮，增加黑方取胜的难度。

25. 车五平三	车 7 进 2	26. 车三进二	士 5 退 6
27. 马五进六	……		

红如改走仕五退六，则炮 8 平 6，黑亦胜势。

27. ……	车 8 平 4	28. 车三平二	炮 8 平 9
29. 车二退七	车 4 平 6	30. 仕五进四	车 6 进 4
31. 车七进一	车 7 退 1	32. 仕四进五	车 6 平 7
33. 车七平六	……		

红方此着造成速败，如改走车七平八，则前车进 1，仕五退四，前车退 2，车二退二，后车平 9，红亦难应付。

33. ……	前车平 6		

绝杀，黑胜。

第166局　战略意图　贯彻始终

如图166,是第24届"五羊杯"象棋冠军邀请赛预赛第四轮湖北柳大华与江苏王斌弈至红方第24着后的棋局。就形势而言,黑炮坐镇中路,黑车牵制红方车炮,明显黑方占优。黑方的战略意图是什么?是直接擒住红帅吗?不是。黑方的战略意图很明确,那就是谋子取胜。请看实战:

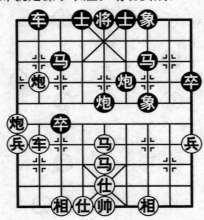

图 166

24. ……	马7进5	**25.** 马五进七	……

红如改走炮八进二,则炮5平2拦车捉炮,伏炮2平3闷杀的闪击手段,红方亦难以应付。

25. ……	炮5平3	**26.** 马七进五	车2进3

黑方的战略目的已经实现。

27. 车八平四	炮6退2	**28.** 炮九平三	象7进9
29. 前马退六	车2进3	**30.** 马五退三	马5进4
31. 车四进五	……		

红如改走炮三平五,则黑炮3进1,车四平五,炮3平5,车五进一,炮6平5,黑亦多子胜势。

31. ……	车2平4	**32.** 炮三平五	车4平5
33. 车四退三	炮3进1		

黑多子胜定。

第167局 弃子成杀 精彩入局

如图167,是第24届"五羊杯"象棋冠军邀请赛预赛第四轮黑龙江赵国荣与广东许银川弈至第14回合的棋局。

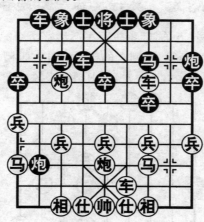

图 167

15. 马三退五　　……

红方马退窝心,忽视了黑方有弃子要杀的凶着,从此落入后手,应走马三退一,红方局势稳健。

15. ……　　　　**车 4 进 6！**

黑方弃马进车别住红方窝心马,出乎红方意料,是争先的佳着。

16. 车三进一　　**士 4 进 5**　　**17. 车四进七**　　……

红如改走车三平七吃马,则象3进5,车七进一,车2平4,黑速胜。

17. ……　　　　**将 5 平 4**　　**18. 炮五平六**　　**车 4 退 1**

19. 马五进七　　**象 3 进 5**　　**20. 兵七进一**　　**炮 9 进 4**

21. 兵三进一　　**车 4 退 4**　　**22. 马九进八**　　**炮 9 退 1**

23. 兵五进一　　……

红冲中兵,速败之着。应改走相三进五,虽落后手,但尚可支撑。

23. ……　　　　**炮 9 平 5**

黑已形成暗杀之势！

24. 兵七进一　　**车 4 进 6！**

精妙之着！黑由此迅速入局。

25. 帅五进一　　……

红方不能马七退六吃车,否则炮2平5重炮杀!

25.…… 　　　　车4退1　　**26. 帅五退一** 　　车2进5

红无法应付黑方下一步车2平4的绝杀,遂停钟认负。

第 168 局　　兵打头阵　　马炮争雄

如图168,是第24届"五羊杯"象棋冠军邀请赛争夺第3名的快棋之战上海胡荣华与黑龙江赵国荣弈至第44回合的棋局。红方卧槽马呈威,已把黑方老将"请出",加上另有马炮兵密切配合,大有"山雨欲来风满楼"之势,请看实战:

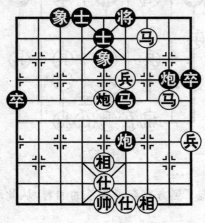

图 168

45. 炮五退一 　　　　……

凶狠之着!伏炮五平四的攻击手段,黑方难以应付。

45.…… 　　　　炮8退1　　**46. 马二进三** 　　炮6退3

黑方弃马实属无奈,若改马6退4,则炮五平四,马4进6,前马退五,将6进1,马五退四,黑方亦白丢一马。

47. 前马退五 　　将6进1　　**48. 马五退四** 　　卒1进1

49. 马四退六 　　卒1进1　　**50. 马六进五** 　　象3进5

51. 炮五平四

黑方少子,无法抵挡红方炮与双马的攻击,遂停钟认负。

第 169 局　　兵威无量　　水到渠成

如图169,是"灌南汤沟杯"广东象棋特级大师许银川与江苏灌南象棋大师廖二平弈至第24回合的棋局。

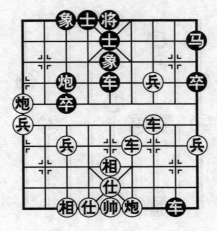

图 169

25. 炮九进三 ……

红炮攻马,令黑方左右为难。

25. …… 炮 3 退 2 **26.** 兵九进一 车 8 退 5

27. 兵三平四 车 5 平 2 **28.** 兵四进一 ……

兵入九宫,胜利在望。

28. …… 车 8 平 7 **29.** 车三平六 车 2 退 2

30. 炮九平七 车 2 平 3 **31.** 兵四进一 车 3 进 2

32. 车六平二

黑方失势,无法抵挡红方双车、炮、兵的猛烈攻击。黑如车 7 退 4,则车二进四,马 9 进 8(如车 7 平 9,则兵四平五,士 4 进 5,车四进五,黑方丢马失士,败定),车四平三! 车 7 平 9,车三平二,黑方失马,败定。再如黑马 9 退 7,则车二进四,继走兵四平三,黑也要失马,败定。黑方看到这些变化后,遂停钟认负。

第 170 局　精妙绝伦　双马争功

如图 170,是"灌南汤沟杯"广东象棋特级大师吕钦与江苏新晋象棋特级大师王斌弈至第 43 回合的棋局。就局势而言,红方虽暂多一子,但黑边卒正捉住红炮,黑车不但捉住一匹红马,而且还拴住另一匹红马和红车,孰优孰劣,局势很不明朗。红方怎样应对这一局面呢?

44. 马六进四 ……

这是一步出乎黑方意料的惊人之举,构思相当巧妙! 红方由此渐入佳境,最终取得胜利。

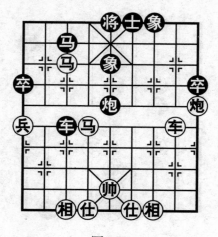

图 170

44. ……　　　　　　车 3 进 3

败着。应改走车 3 平 8，则炮一平五，象 5 进 7，马四进五，士 6 进 5，马五进七，将 5 平 6，相七进五，车 8 进 3，帅五退一，车 8 平 3，黑可得回一子，有望成和。

45. 帅五退一　　　　象 5 进 7

黑如改走卒 9 进 1，则马四进二，黑方亦难应付。

46. 马七退五　　　卒 9 进 1　　**47. 车二平八**　　　车 3 平 4

48. 车八进一　　　炮 5 进 1　　**49. 马五退七**　　　炮 5 退 3

50. 车八进四

黑如接走将 5 进 1（如车 4 退 8，则马七进六，红方得车），则马四进三，将 5 平 4（如将 5 平 6，则车八平四杀），马七进八，炮 5 平 3，马三进四，将 4 进 1，车八平六，红胜。

第 171 局　马炮组合　丝丝入扣

如图 171，是"椰树杯"象棋超级排位赛第二站预赛河北象棋特级大师刘殿中与上海象棋特级大师万春林弈至第 30 回合的棋局。

31. 马九进七　　　　……

红方现进马，意图是下一着兵五进一破象，黑如象 7 进 5，则炮四平五成绝杀之势。但黑方先行动手，红方计划落空。丢掉此局，实为可惜。红方应走兵五进一破象，黑如走马 5 进 3（如炮 5 进 2，则帅五平六，炮 5 退 5，炮四平五，红优），则马九退七，炮 5 退 1，马七退六，炮 5 进 1，炮一进四，红方优势。

31. ……　　　　　　马 5 进 3

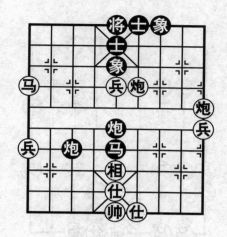

图 171

黑方抓住红方这一软着,进马控制红帅,伏炮 3 平 5 和炮 3 平 7 绝杀的手段,是迅速扩大优势的精妙之着。

32. 炮四退四 ……

必走之着,除此之外,无任何解救方法。

32. ……	炮 3 平 7	33. 炮四平三	马 3 退 5
34. 炮三平四	炮 7 退 4	35. 马七退八	炮 5 进 2

36. 仕五进六 ……

红如改走帅五平六,则炮 7 进 7,帅六进一,炮 5 退 4,帅六进一,炮 5 平 7,黑方胜势。

36. ……	炮 5 退 4	37. 帅五平六	象 5 进 7

飞象隔断红炮通路,又伏炮 7 平 4 攻杀手段,是一步佳着。

38. 仕四进五	炮 7 平 4	39. 帅六平五	……

红如改走马八进六,则马 5 退 3,炮一进一,马 3 进 1,红亦难应付。

39. ……	马 5 退 7

红方必然失炮,黑方多子胜定。

第 172 局　车炮联手　老帅显威

如图 172,是"椰树杯"象棋超级排位赛第二站预赛江苏新晋特级大师王斌与上海象棋大师董旭彬弈至红方第 18 着后的棋局。就形势而言,红方炮镇中路,双车位置极佳,对黑方构成很大威胁,红方明显占有优势。黑方当务之急是要减少红方中炮的压力,应走车 6 退 3,盯住红炮顽强防守,才是上策。实战如何？请看：

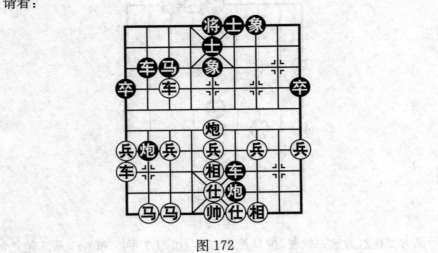

图 172

18. ……　　　　　　　车 6 平 7

败着。导致红方双车、炮在老帅助阵下迅速入局。

19. 车九平六　　　　炮 2 平 5　　　20. 帅五平六　　　　……

红方出帅助战，精妙之着，伏车七进一硬吃马的催杀手段，令黑方防不胜防。

20. ……　　　　　　　马 3 进 5　　　21. 车七进三

黑如接走象 5 退 3，则车六进七，红胜。

第五章　经典中、残局(5)

第173局　天马行空　直捣九宫

如图173,是全国象棋个人锦标赛男子乙组煤矿庄玉庭与农协陈建昌弈至第26回合的棋局。红方已占很大优势,怎样迅速取胜呢? 红方以下着法相当精彩简捷,值得品味和学习。

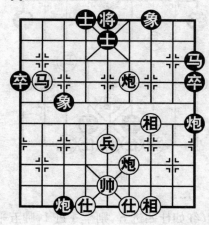

图 173

27. 后炮平七　　……

精彩之着,为马卧槽扫除障碍。

27.……　　　　　**士 5 退 6**

黑如走象 3 退 5,则红炮七平五,黑难以应付。

28. 马八进七　　将 5 进 1　　**29. 马七退六**　　将 5 退 1

30. 炮四平九　　象 3 退 1

黑方此着实属无奈。如改走士 4 进 5,则马六进七,将 5 平 4,炮九平六,炮 9 退 1,炮六退二,绝杀,红胜。

31. 炮七进七!　　……

精巧之着。以下如士 4 进 5(黑如象 1 退 3,则红马六进七再炮九进二,马后炮杀),则马六进七,将 5 平 4,炮七退九,黑方丢炮,黑方遂投子认负。

第174局　小卒入宫　威力无穷

如图174,是全国象棋个人锦标赛男子乙组河南李少庚与通信赵剑弈至第29回合的棋局。黑方小卒已入红方九宫,直接威胁红帅的安全,红方败势已露端倪。

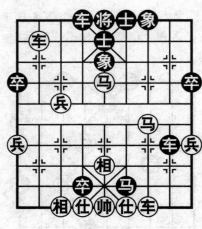

图 174

30. 车三进一　　……

红如改走马三进四(红如仕四进五,则卒4进1,帅五平四,车8平6,黑方胜势;再如红仕六进五,则卒4进1,仕五退六,马6退4再车8进2杀),则卒4进1,帅五进一,士5进6,马五进七,车8进2,马四进六,车4进2,车八进一,象5退3,车八平七,将5进1,车三进八,将5进1,有杀对无杀,黑方胜定。

30. ……	马6退5	**31. 马三退五**	车8平5
32. 马五退四	车5平6	**33. 马四进六**	卒4进1

34. 帅五进一　　……

红如改走帅五平六,则车6进3,帅六进一,车6平3,黑胜定。

34. ……	象5进3	**35. 马六进七**	车4进2
36. 车三进六	象3退5		

黑胜。

第175局　默契配合　拔寨立功

如图175,是全国象棋个人锦标赛女子组黑龙江王琳娜与云南党国蕾弈至红方第22着后的棋局。红方已占明显优势,下一着炮九进一就形成令黑方难以应付的杀势。黑方能化解这一危机吗？请看实战：

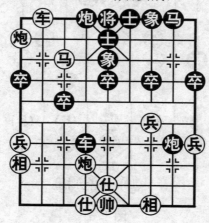

图 175

22.……　　　　　车 4 退 4？

败着。黑如改走炮 8 平 1，则炮六进七，士 5 退 4，炮九退五，士 6 进 5，黑虽少一子但多卒，尚可一战。

23. 炮六进七	士 5 退 4	**24.** 马七进六	象 5 退 3
25. 车八平七	车 4 退 1	**26.** 车七平八	炮 8 平 2
27. 炮九进一	将 5 进 1	**28.** 车八退六	车 4 退 1
29. 车八进五	将 5 进 1	**30.** 炮九退二	车 4 平 1

黑如改走马 8 进 9，则红车八平二，黑方丢马败定。

31. 车八平二！

红多子胜定。

第 176 局　构思奇妙　精彩绝伦

如图 176，是全国象棋个人锦标赛男子甲组重庆洪智与上海林宏敏弈至第 20 回合的棋局。在此局势下，红只走三步就令黑方投子认负，真是精彩动人：

21. 炮五进四！　　马 3 进 5

黑如改走士 4 进 5，则炮七平八！象 3 进 1，炮八进六！马 3 退 2，车六进一杀；再如士 6 进 5，则马七进五，将 5 平 6，炮七进四，炮 8 平 3，车六进一，将 6 进 1，马五退三，炮 3 平 7，车六平三，红胜。

22. 马七进五！

连弃两子，演绎成排局般的绝妙杀局，大赛中实属罕见，给人以一种艺术

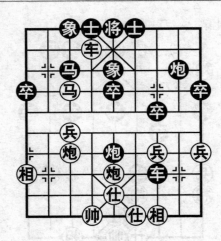

图 176

享受！

第 177 局　行云流水　潇洒飘逸

如图 177，是全国象棋个人锦标赛男子乙组火车头陈启明与辽宁孟辰弈至第 39 回合的棋局。红方入局精彩异常，是大赛中不多见的佳作。实战如下：

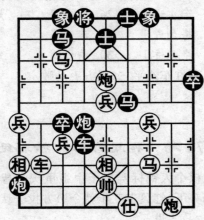

图 177

40. 车八进七！	象 7 进 5	41. 炮二进九	将 4 进 1
42. 车八退一	马 6 进 7	43. 车八平七	将 4 进 1
44. 马七退六	象 5 进 3	45. 炮二退一	士 5 退 4
46. 炮五进二			

绝杀,红胜。

第178局 行子随意 功亏一篑

如图178,是全国象棋个人锦标赛男子乙组通信赵剑与沈阳金波弈至第19回合的棋局。黑方左翼空虚,红方怎样利用黑方这一明显的弱点做文章呢? 实战如下:

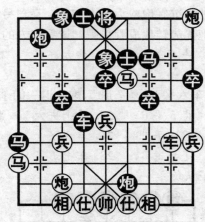

图 178

20. 车二进五 ……

红方车二进五虽是可走之着,但如改走炮七平五可使局势更容易掌握、优势更容易保持,变化如下:炮七平五,马1进3,炮五进五,炮2平5,车二进六,马7退6,车二退七,马6进7,车二平七,炮5进2,仕六进五,后有马四进二的凶着,红方占有明显优势。

20. …… **马7进6** **21. 炮七平五?** ……

红炮平中而放弃红马是败着,红方由此步入下风,最终导致失败。应改走马四退二,以下黑有两种应法,变化如下:①士4进5,车二进一,士5退6,炮一平四,黑方丢子;②车4平5,仕四进五,炮6平3,马九退七,车5平8,车二平八,车8退1,车八退五,黑方丢子。

21. …… **炮6退5** **22. 炮五进五** **将5平6**

23. 兵五进一 **炮2进3** **24. 车二退二** ……

红如改走兵五平四,则马1进3,仕四进五(如马九退七,则炮2平6,炮五退四,前炮平5,仕四进五,炮6进5,黑得子胜势),炮2平6,炮五退四,前炮平5,帅五平四,车4平6,帅四平五,士6退5,黑胜势。

24. ……		炮2平5	25. 车二平四	马6进5
26. 仕四进五		马5进7	27. 相七进五	车4平6

兑车后,黑多卒且占位好,黑胜势,红认负。

第179局　双炮呈威　车马争功

如图179,是全国象棋个人锦标赛男子甲组煤矿宋国强与黑龙江赵国荣弈至第20回合的棋局。红方沉底炮威力巨大,双车、马与另一只炮跃跃欲试,红方已明显取得优势,怎样把优势转化成胜势呢?请看红方的精彩表演:

21. 车四平六	士6进5	22. 炮六进七	象7进9
23. 车八进八	……		

红方车八进八暗藏车六平五,马7退5,炮六退一的杀着。

23. ……	将5平6	24. 马七进六	将6进1
25. 马六进七	后车平6	26. 车六平七	炮3平5
27. 炮六退一	士5退6	28. 车七退一	

黑失子失势,遂投子认负。

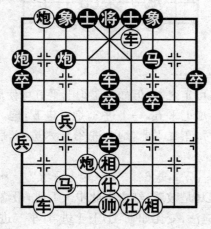

图 179

第180局　授人以隙　兵败中路

如图180,是全国象棋个人锦标赛男子甲组北京蒋川与吉林陶汉明弈至红方第17着后的棋局。

17. ……	炮5平6

黑方炮5平6造成中路空虚,黑方由此步入下风。应改走炮5进2,则相七

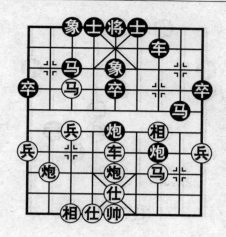

图 180

进五,车 7 平 2,炮八平六,车 2 进 3,虽居后手,但尚可支撑。

18. 兵七进一! ……

红方乘黑方中路空虚渡兵过河,是一步佳着。

18. …… 车 7 进 4 **19. 马七进五!** ……

红方弃马换象强攻,使黑方难以支撑。

19. …… 象 3 进 5 **20. 兵七进一** 炮 6 退 3

黑如逃马,则红车五进三,红方攻势更加强大。

21. 兵七进一 车 7 平 2 **22. 炮八平六** 士 6 进 5
23. 兵七进一 炮 6 退 1 **24. 车五进三** 马 8 进 6
25. 炮五进五 士 5 进 6 **26. 车五退三** 炮 7 退 6
27. 马三进四 车 2 平 6 **28. 兵七平六** 炮 7 平 9

29. 兵六平五

黑如将 5 进 1,则炮五平六杀。如将 5 平 6,则兵五平四,黑失子失势,遂停钟认负。

第 181 局　弃马取势　前途似锦

如图 181,是全国象棋个人锦标赛男子甲组浙江陈寒峰与重庆洪智弈至红方第 24 着后的棋局。

24. …… 炮 9 进 4!

黑弃马取势,对红方采用牵制战术,真是艺高人胆大。

25. 炮四进三 炮 9 平 5 **26. 车七退一** ……

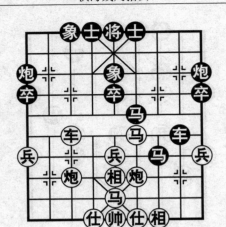

图 181

红弃还一子,虽暂解黑方中炮之危,但没有扭转被动局面。应改走炮四平八,保留多子局面,方为上策。

26. ……　　　　车 8 平 6　　**27.** 车七平五　　马 7 退 6

28. 车五进三　　……

红方如改走马五进三,则车 6 进 3。黑净多两卒,红残棋难下。

28. ……　　　　马 6 进 4　　**29.** 车五平九　　车 6 进 3

30. 炮七退一　　……

红如改走相五进七,则象 5 进 3,后走炮 1 平 5,红亦难应付。

30. ……　　　　马 4 进 2!

精巧之着,由此奠定胜局。红如车九平七,则马 2 进 4,炮七平六,士 6 进 5,后出将绝杀;再如炮七平六,则黑士 6 进 5,车九平六,马 2 进 3,后出将绝杀。红遂停钟认负。

第 182 局　弃车取势　才艺过人

如图 182,是全国象棋个人锦标赛男子甲组上海胡荣华与煤矿汤卓光弈至红方第 17 着后的棋局。黑方针对红方窝心马被黑炮镇住的有利局面,走出最强手:弃车取势。顿使局势紧张、复杂,局面煞是好看,给人以艺术享受。

17. ……　　　　马 1 进 3　　**18.** 车六退二　　……

红如改走马三进二,则马 3 退 4,炮二平六,炮 2 进 2,车二进六,车 2 进 8!车二平六,车 2 平 3,车六平八,炮 2 平 1,红难以应付。

18. ……　　　　马 3 进 1

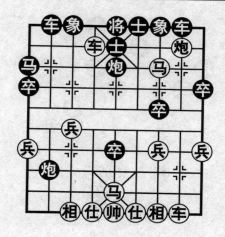

图 182

弃车取势,棋艺风格令人钦佩!

19. 马三进二　　　马1进3　　20. 车六退二?　……

红方退车捉马导致局面崩溃,败着。应走车六退五加强防守,不致速败。

20. ……　　　　　卒5平4!

黑平卒叫将,精巧之着,由此锁定胜局。

21. 马五进四　　　……

红如改走马五进六(如相三进五,则马3进4挂角杀),则炮2平5,车六平五,马3进4,帅五进一,车2进8杀,黑胜。

21. ……　　　　　炮2平5　　22. 车六平五　　　前炮退1

23. 车二进二　　　车2进8!

黑进车下二线,下一手卒4进1构成绝杀,凶狠有力!红虽多一车,但无力解救宫廷之危,老帅只好束手就擒。

24. 马四进三　　　卒4进1　　25. 炮二退五　　　卒4平5

以下红如接走仕四进五(如炮二平五,则马3进4杀),则卒5进1,帅五平四,卒5平6,帅四平五,车2平5连杀,黑胜。

第183局　丝线拴牛　上乘佳作

如图183,是全国象棋个人锦标赛男子甲组北京靳玉砚与江苏王斌弈至红方第19着后的棋局。红方子力受牵,摆脱牵制是当务之急,第19着车二进四正是想达到这一目的。黑方当然不能使红方的目的达到,走出了一着强手车4进5,使红方子力全面受制并最终败北。

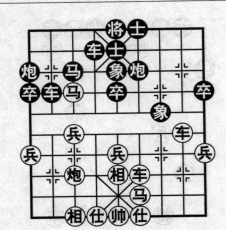

图 183

19. …… 　　　　　车 4 进 5！　**20. 车四进四**　　……

红方此着是空着，不能摆脱受制局面。但红如改走仕四进五，则炮 1 进 4，红亦难应付。

20. …… 　　　　　炮 6 进 6　**21. 车四退五**　　炮 1 进 4！

22. 仕四进五　　……

红如改走马七进五，则象 7 退 5，炮七进五，炮 1 平 5，仕四进五，车 2 平 4，帅五平四，前车进 3，仕五退六，车 4 进 6 杀，黑胜。

22. …… 　　　　　车 4 平 3　**23. 马七退六**　　炮 1 退 1

黑方如愿以偿地达到了牵制红方的目的，正是棋谚所说的"丝线拴牛"。

24. 炮七平六　　车 3 平 4　**25. 车四进三**　　卒 5 进 1

红方全局受制，遂主动认负。

第 184 局　炮轰马踏　勇者获胜

如图 184，是全国象棋个人锦标赛男子甲组北京蒋川与浙江于幼华弈至第 19 回合的棋局。

20. 后炮进五！ 　　……

弃炮轰象，精彩有力之着，为胜利吹响了冲锋号角！

20. …… 　　　　　象 7 进 5

黑如改走将 5 平 4，则车二平六，炮 2 平 4，车八进九，马 3 退 2，前炮平八，象 7 进 5，马四进五，车 6 平 5，相七进五，车 5 退 2，车六进一，马 2 进 4，马五退七，红多子胜定。

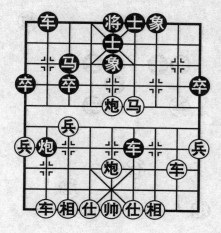

图 184

21. 马四进五　　　　车6平5　　　22. 仕六进五　　　马3进5

黑如改走车5退2吃炮(黑如将5平4,则马五进七),则马五进三,将5平4,车二平六杀! 红胜。

23. 马五进七　　　　将5平4　　　24. 车二平六　　　马5退4

25. 炮五平三　　　　车5平7　　　26. 帅五平六　　　炮2平4

27. 车六进一!

黑如接走车7平4,则帅六平五,马4进5,炮三进四,将4进1,车八进九,红胜定。

第 185 局　　警惕诱饵　　稳步进取

如图185,是全国象棋个人锦标赛男子甲组湖北柳大华与广东宗永生弈至第31回合的棋局。双方形势相当微妙,一方稍有不慎,都会造成危险。红方能控制这一复杂局面吗? 请看实战:

32. 车八退一!　　　……

红退车正着,如改走车八平四吃马,以下炮2进6,相五进七,车3进3,车四平八,炮2进1,帅五进一,车3平7,车八退五,车7进3,帅五进一,炮1退2,车八进二,卒5进1! 黑方胜势。

32. ……　　　　　象5进7　　　33. 帅五进一　　　……

攻不忘守之着。

33. ……　　　　　马6进7　　　34. 马三退五　　　车3进4

35. 车八进三　　　　车3平5　　　36. 炮三进四　　　马7退8

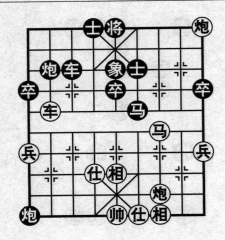

图 185

37. 车八平五　　　将 5 平 6　　**38.** 车五平四　　　将 6 平 5
39. 车四平二
捉马伏车二进一绝杀,红胜。

第 186 局　炮不虚发　卒立奇功

如图 186,是全国象棋个人锦标赛男子甲组四川王跃飞与辽宁苗永鹏弈至第 21 回合的棋局。黑方第 21 着走车 9 平 7 非常含蓄,是一着针对红方子力布置弱点且迅速入局的好棋。

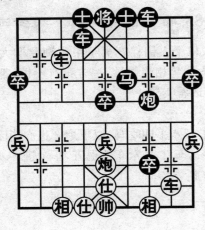

图 186

22. 兵五进一　　　　卒7平6

又一着令红方为难的好棋。黑方取胜已为时不远。

23. 仕五进四　　　　炮7进2!　**24. 兵五进一**　　……

红如改走车二进二,则炮7平5,车二平五,车7进9,帅五进一,车4进8,黑胜定。

24. ……　　　　　　炮7平5　**25. 帅五平四**　　车4进8

26. 帅四进一　　　　车4退1

黑胜。

第187局　阻隔战术　经典范例

如图187,是全国象棋个人锦标赛男子乙组广东黄海林与江苏徐天红弈至第21回合的棋局。

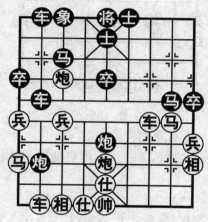

图187

22. 炮七退一!　　……

精巧之着,断绝黑车的通道,使黑车不能兼顾左翼。红方由此扩大了先手。

22. ……　　　　　　卒9进1

弃卒实属无奈,否则红炮七平一,黑无法防守而速败。

23. 兵一进一　　　　象3进5　**24. 车三平五**　　炮5平1

25. 马二进四　　　　马8退6　**26. 车五平六**　　象5进3

27. 马四进六　　　　前车退3　**28. 车八进二**　　前车平4

29. 马六进七!　　　车2进7

黑如改走车2平4,则车六进四,车4进1,车八进七,红胜。

30. 车六进四　　　车2退6

黑方看到红方下一步兵七进一过河助攻,已难坚守,故推枰认负。

第188局　炮进相眼　点中要害

如图188,是全国象棋个人锦标赛男子甲组黑龙江张晓平与浙江陈寒峰弈至红方第10着后的棋局。

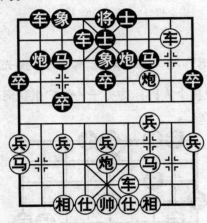

图 188

10. ……　　　　炮2进6!

黑方进炮塞相眼,凶狠之着,下一步有出将的恶手,由此演成双车炮攻击红方左翼的有利局面。

11. 车四进三　　　……

红如改走车四进六吃炮,则将5平4,车四平三,车4进8,帅五进一,车4退1,帅五退一,炮2进1,马九退八,车4进1,帅五进一,车2进8杀,黑胜。

11. ……　　　　炮2平1　　　**12.** 仕四进五　　　车4进7

13. 炮五平四　　　……

红如改走兵九进一,则车2进9,车四平八,车2平3,红亦难应付。

13. ……　　　　马3进4　　　**14.** 车四退一　　　车2进9

15. 炮四进五　　　车2平3

下伏炮1进1的绝杀。红如接走帅五平四,则车4平5,马三退五,车3平4杀,黑胜。

第189局 艺高胆大 弃车入局

如图189,是全国象棋个人锦标赛男子甲组吉林陶汉明与河北申鹏弈至第31回合的棋局。

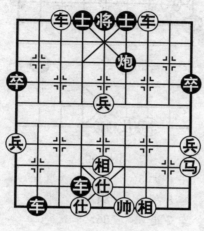

图189

32. 兵五进一! ......

棋艺精湛,胆识过人。算准红方弃车后抢先入局。

32. ...... 车4平5 **33. 车三平四** ......

弃车杀士,精妙之着。

33. ...... 将5平6 **34. 车七平六** 将6进1

35. 兵五进一 车5平3 **36. 车六退一** 将6退1

37. 兵五平四

红胜。

第190局 妙欺黑车 以势取胜

如图190,是全国象棋个人锦标赛男子甲组重庆洪智与黑龙江聂铁文弈至第78回合的棋局。红方兵入九宫,马有卧槽之势,车马兵可联手取势。但黑方车、炮及双卒占位俱佳,具有一定的反击能力。兵贵神速,红方正是应用这一用兵之道,取得优势而获胜。

79. 车三退一 ......

精巧之着!红方利用这一妙着,赶走黑车,扩大了优势。

79. ...... 炮1平5 **80. 相七进五** 车6进3

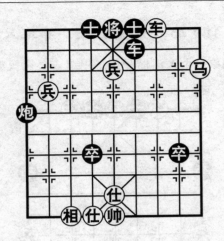

图 190

81. 车三平六	士 6 进 5	82. 车六退五	车 6 平 7
83. 车六平五	卒 8 平 7	84. 兵八平七	卒 7 进 1
85. 马一进三！	车 7 退 3	86. 车五进二	车 7 进 2

至此,形成车双兵单缺相必胜车卒双士局面。最后黑超时判负。

红胜。

第 191 局　弃车砍士　构思精妙

如图 191,是全国象棋个人锦标赛男子乙组农协陈建昌与通信赵剑弈至红

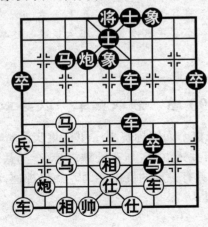

图 191

方第 30 着后的棋局。黑方针对红方老帅在外的弊病,弃车入局,弈来非常精彩,实战如下:

30. ……	前车进 4!	31. 仕五退四	车 6 进 6
32. 帅六进一	马 3 进 4	33. 前马进六	马 4 进 3
34. 马六退七	马 3 进 5	35. 车三进一	……

红方弃车啃马,已经无济于事了。

35. ……	卒 7 进 1	36. 帅六平五	马 5 进 3
37. 前马退五	卒 7 平 6	38. 车九进一	车 6 平 8
39. 马五退四	车 8 退 1	40. 马七进五	卒 6 进 1

黑胜。

第 192 局　突放冷箭　百步穿杨

如图 192,是"蒲县煤运杯"全国象棋个人锦标赛男子甲组吉林陶汉明与四川才溢弈至第 20 回合的棋局。

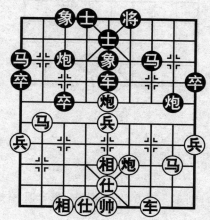

图 192

21. 炮五进二　　　　……

红方弃炮轰黑方中象,出乎黑方意料,是一支冷箭,令黑方难以防御。

| 21. …… | 象 3 进 5 | 22. 马八进六 | 炮 3 平 4 |
| 23. 马六进四 | 马 7 进 6 |

黑如改走炮 8 平 6,则红兵五进一得子胜定。

| 24. 车三进五 | 炮 8 退 2 | 25. 马四进三 |

红方兵临城下,黑无险可守,于是推枰认负。红方入局简捷明快,给人以一

种艺术的享受。

第193局　授人以隙　当尝苦果

如图193,是"三环杯"象棋公开赛广东黄海林与黑龙江苗永鹏弈至第74回合的棋局。红方已呈胜势,只要走车四退五去卒就可以获胜。变化如下:车四退五,车3进6,仕五退六,卒6进1,车四退三,车3退7,车四进六,红胜势。可是红方却随手走了兵七进一,乍看红进兵好像无可非议,下一步再兵七平六就可形成杀势。但仔细一看,此着却给已输定的黑方以绝好机会。

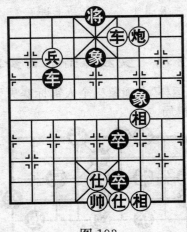

图193

75. …… 　　　　　　　象5退3

好着! 退象叫杀,黑方出现了转机。

76. 帅五平六 　　　　　　……

红如改走车四平六,则车3进6,车六退八,车3退8,炮三平六,车3进7,炮六退七,后卒进1,和势。

76. …… 　　　　　　前卒进1! 　**77. 车四平六** 　　前卒平5

78. 帅六进一 　　　　　　……

红方上帅,不肯善罢甘休。如改走帅六平五,则车3进6,车六退八,车3平4,帅五平六,和定。

78. …… 　　　　　　卒6平5 　**79. 炮三平一** 　　……

红应改走车六进一,则将5进1,车六退四,车3进5,帅六进一,车3退2,兵七平六,将5退1,炮三平五,红方占优。

79. …… 　　　　　　车3进5 　**80. 帅六进一** 　　车3退2

81. 车六进一　　　　将5进1　　**82.** 车六退一　　　将5退1

83. 车六进一　　　　……

红应改走炮一平五,可暂解燃眉之急。

83. ……　　　　　　将5进1　　**84.** 兵七平六　　　将5平6

85. 帅六退一　　　　后卒平4

绝杀,黑胜。

第194局　车进虎口　重炮发威

如图194,是"三环杯"象棋公开赛浙江俞云涛与江苏王斌弈至红方第14着的棋局。

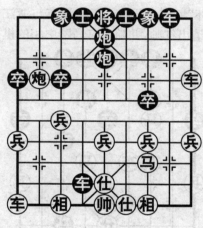

图194

14. ……　　　　　　车8进9

黑方虎口献车震惊四座,真是精彩之极!红如接走马三退二,则后炮进5,相三进五,后炮进5,重炮杀。

15. 车一平六　　　　……

红如改走车一平五,则车8平7,黑亦胜势。

15. ……　　　　　　后炮进5!

黑方虎口献炮叫将,又是一步精巧之着。

16. 马三进五　　　　……

无奈之着,如改走相三进五,则后炮进5,重炮杀。

16. ……　　　　　　车4平5

黑方再弃车砍仕,演成大刀剜心的杀法,形成一个漂亮精彩的杀法组合,值得学习和借鉴!

17. 帅五平六　　　车5进1　　**18.** 帅六进一　　　车8退1

19. 马五退四　　　……

红如改走仕四进五,则车8平5,帅四进一,前车平4,马五退六,车4退1杀。

19. ……　　　车8平6　　**20.** 帅六进一　　　车5平4

21. 帅六平五　　　车4平6

红方无仕,难敌黑方双车、炮的攻击,遂停钟认负。

第195局　　旁敲侧击　左右开弓

如图195,是"三环杯"象棋公开赛浙江金海英与浙江于幼华弈至红方第20着后的棋局。黑卧槽马请出红帅,并随时有马踏中相的棋,红方局势危在旦夕。

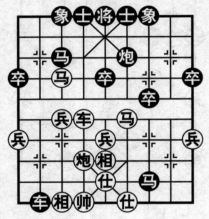

图 195

20. ……　　　卒7进1!

黑方进卒攻马是实现自己战略目标的一着好棋。

21. 马四进六　　　……

红如改走相五进三,则车2平3,帅六进一,车3退1,帅六退一,炮6平8,黑亦胜势。

21. ……　　　马7退5　　**22.** 马六进四　　　……

黑方退马踏相,暗藏杀机,红方此着实属无奈。如改走马六进七,则车2平3,帅六进一,炮6进6,仕五进四,车3退1,黑方速胜。

22. ……　　　车2平3　　**23.** 帅六进一　　　炮6进7!

黑炮轰底仕，是又一着好棋。

24. 马四进三　　　　将5进1　　　**25.** 炮六平八　　　炮6退1

26. 仕五进四　　　　车3退1　　　**27.** 帅六进一　　　车3退1

红只有走帅六退一，则马5进6，帅六平五，炮6平9，黑方胜定。

第196局　弃马进兵　三子擒王

如图196，是"城大建材杯"全国象棋大师冠军赛北京蒋川与北京张强弈至第34回合的棋局。红方分析形势后，觉得如果兑掉车，红八路马处于不利的境地，局势很难展开，于是走出最强手：

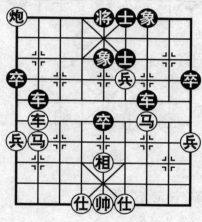

图196

35. 车八平五　　　　……

扩先的佳着！由此形成了红方车马炮催杀的制胜局面。

35. ……　　　　　车2进2　　　**36.** 兵四进一　　　车2平6

37. 兵四平五　　　　象7进5　　　**38.** 车五进三　　　士6进5

黑如改走将5平4，则马三进五，车6退5（如车6平5，则车五平六，将4平5，马五进四，黑丢车），车五平六，将4平5（如车6平4，则车六进一，将4进1，马五进四，红马抽掉黑车胜定），马五进七，红胜势。

39. 马三进五　　　　车6退2　　　**40.** 马五进六　　　将5平6

41. 马六进七　　　　将6进1

黑如改走士5退4，则仕六进五，后有车五平一的棋，黑亦难应付。

42. 车五进一　　　　将6进1　　　**43.** 仕六进五　　　车6平5

44. 车五平一　　　　车5进3　　　**45.** 炮九退二

红胜。

第197局　旁敲侧击　精彩入局

如图197,是"城大建材杯"全国象棋大师冠军赛上海谢靖与北京张申宏弈至第29回合的棋局。以下红方入局简捷明快,精彩异常。请看实战:

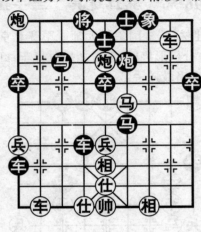

图 197

30. 马四进三　　　……

迅速入局的佳着,有一锤定音之效果!

30. ……　　　　马6进8

黑方进马也是无奈之举。如改走象7进5,则车八进九,将4进1,马三进四,将4进1,车二平五,马3退2,车五退一,红胜。

31. 马三进四　　　马3进2　　**32.** 炮五平八

红方平炮演成绝杀,黑方认负。红要误走车八进五吃马,则黑车4进3,仕五退六,马8进6,帅五进一,车1进1,黑反败为胜。

第198局　双车双炮　各逞威风

如图198,是"威凯房地产杯"全国象棋排名赛广东李鸿嘉与黑龙江苗永鹏弈至第21回合的棋局。红方炮镇中路,四子占位俱佳,已明显占有优势。黑方担子炮,双车相联,士象齐全,乍看起来,防守稳固。红方应从何处入手打开缺口呢?请看实战:

22. 炮九平八　　　……

红方弃炮取势,弈来相当精彩!是扩先取胜的关键一着。

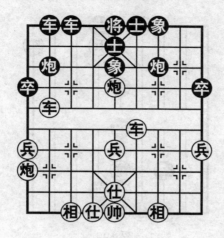

图 198

22.…… 车 3 进 3

黑如改走炮 2 进 5,则帅五平四,将 5 平 4,车四进五,将 4 进 1,车八平六,士 5 进 4,车四退一,将 4 退 1,车四退一,红大占优势。

23. 炮五退二 车 3 平 5 **24. 炮八平五** 车 5 平 7

25. 帅五平四! 车 7 平 5

黑车垫中解杀,无奈之着。如改走将 5 平 4(如炮 7 平 6,则车四进三,炮 2 平 6,车八进四杀),则车八平六,炮 2 平 4,后炮平六,红亦胜势。

26. 前炮进三 车 5 退 1 **27. 车四进四!** ……

红进车塞象眼,紧凑有力之着。

27.…… 士 5 进 6 **28. 炮五进五** 炮 7 平 5

29. 车四退一 士 6 进 5 **30. 车四退一** 炮 5 平 6

31. 车四平五

黑方缺士少象且车炮被拴,不敌红方双车和兵的攻击,遂停钟认负。

第 199 局　孤将难逃　双车无奈

如图 199,是"威凯房地产杯"全国象棋排名赛火车头杨德琪与重庆洪智弈至第 51 回合的棋局。黑方虽有双车护驾,无奈贴身警卫尽失,难逃失败的厄运。

52. 兵四进一 ……

红方弃兵破士,使黑将成为一个孤将,处于随时被攻击的境地。

52.…… 车 6 退 8

黑如改走卒 3 进 1,则车一平五,车 6 退 8,车五平七,红亦胜势。

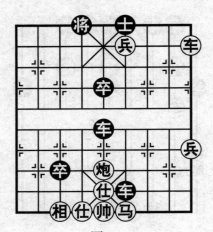

图 199

53. 车一平七	车 6 进 5	54. 车七退二	车 5 平 4
55. 炮五平三	卒 3 平 4	56. 仕五进六	车 4 进 2
57. 马四进五	车 6 进 2	58. 仕六进五	

红方得车胜定。

第 200 局　摧枯拉朽　连环出击

如图 200，是"威凯房地产杯"全国象棋排名赛云南女子特级大师赵冠芳与四川象棋大师蒋全胜弈至第 29 回合的棋局。红马塞住象眼并使黑炮动弹不得，车炮位置也佳，进车就可以吃掉黑象。红方已占有明显优势。

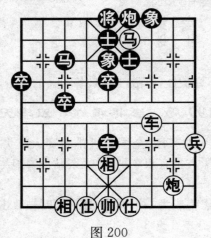

图 200

30. 炮二进六　　　　马 3 进 4　　　**31.** 车三进五　　　　……

红方先进炮攻击黑方中象,再进车吃掉黑方底象,可谓秩序井然,令黑方难以应付。

31. ……　　　　　　车 5 平 9　　　**32.** 车三退四　　　士 5 进 4
33. 炮二进二　　　　将 5 进 1　　　**34.** 炮二退一　　　将 5 退 1
35. 马四退六

黑如接走将 5 平 4,则车三平六,红方多子得势胜定。

第 201 局　　蓝图设计　精彩美妙

如图 201,是"威凯房地产杯"全国象棋排名赛北京蒋川与沈阳卜凤波弈至第 25 回合的棋局。

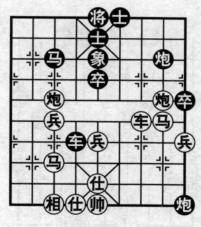

图 201

26. 车三进三　　　　……

红方进车弃马,出乎黑方意料。

26. ……　　　　　　炮 8 进 3　　　**27.** 炮七平一　　　　……

红方再弃一炮,解除黑方重炮杀后,得黑方一象一马,扩大了优势,弈得非常精彩。

27. ……　　　　　　炮 9 退 5　　　**28.** 车三平五　　　将 5 平 4
29. 车五平七　　　　车 4 平 3　　　**30.** 车七进二　　　将 4 进 1
31. 车七退一　　　　将 4 进 1　　　**32.** 车七退一　　　将 4 退 1
33. 车七平一　　　　……

红方已算准进行马炮交换后红车可拴住黑方车炮而获胜,局势的发展尽在红方的意料之中。

33. …… 　　　　车 3 进 1　　**34. 车一退二**　　车 3 退 2

35. 车一退一　　　　……

红方如愿以偿地达到了自己的战略目的。

35. ……　　　　卒 5 进 1　　**36. 相七进五**　　车 3 平 6

37. 炮二进三　　士 5 进 4　　**38. 炮二平三**　　将 4 平 5

39. 炮三进一　　将 5 平 4

黑方少卒缺象且车炮被牵,自愿认负。

第 202 局　　精确制导　重拳出击

如图 202,是"威凯房地产杯"全国象棋排名赛河北苗利明与北京张申宏弈至第 21 回合的棋局。

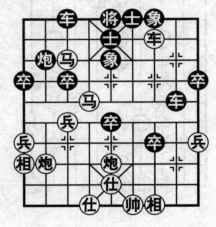

图 202

22. 兵七进一　　　　……

精巧之着。黑如卒 3 进 1,则红方双马连环,有利于攻势的展开;再如象 5 进 3 去兵,则红方马六进四咬车再马四进五吃士,红胜定。

22. ……　　　　卒 7 平 6　　**23. 车三平四**　　车 8 进 5

黑方无好着可行,只得进车吃相,求一线生机。

24. 马七进五!　　　　……

凶狠之着。红方走出最强手,令黑方顿感难以维持。

24. ……　　　　车 8 平 7　　**25. 帅四进一**　　士 6 进 5

26. 炮五进五　　士 5 进 6　　**27. 炮五退一**　　炮 2 进 1

黑如改走车 7 退 6,则炮八进四,黑亦难抵挡红马六进五的杀着。

28. 炮五平八　　　　卒 5 进 1　　**29.** 车四退一　　　　车 3 进 1

30. 马六退五!　　　……

取胜的最后一步好着。以下黑如接走卒 6 平 5,则红车四进二再退一抽得黑车胜;又如改走车 7 退 2,则车四退四,有抽双车的棋,黑亦难以兼顾。红胜。

第 203 局　　跃马卧槽　　直指黄龙

如图 203,是"威凯房地产杯"全国象棋排名赛上海孙勇征与北京张申宏弈至第 14 回合的棋局。

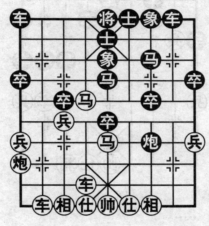

图 203

15. 马六进四!　　　……

红方进马袭槽,吹响总攻的号角。黑如接走士 5 进 6,则马四退五,炮 7 平 8,马五进六,红方大占优势。

15. ……　　　　　　马 7 进 6　　**16.** 马五退四　　　　车 8 进 8

黑如改走车 8 进 3,则炮九进四,红亦大占优势。

17. 车八进六　　　　马 5 进 6　　**18.** 车六平八!　　　……

红方联车生根,既有马四进三吃炮手段,又有前车沉底叫将的恶手,黑方难以应付。

18. ……　　　　　　炮 7 退 1　　**19.** 前车进三　　　　车 1 平 2

20. 车八进八　　　　象 5 退 3　　**21.** 车八平七　　　　士 5 退 4

22. 炮九进四　　　　车 8 平 6

黑如改走士 6 进 5,则炮九进三,红亦胜势。

23. 马四进六　　　　　将5进1　　**24.** 炮九进一　　　将5平4
25. 马六进八
绝杀红胜。

第204局　天高鸟飞　地阔马跃

如图204,是"威凯房地产杯"全国象棋排名赛湖北李望祥与重庆洪智弈至第29回合的棋局。

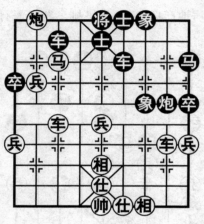

图 204

30. 马七进五!　　　……
红方马踏中士,精彩之着,加速胜利的进程。

30. ……　　　　　车3平2
黑如改走车3进4,则红可马五进七,马后炮杀。

31. 马五退六　　　车6平4　　**32.** 车七进五　　　将5进1
33. 兵八进一　　　车2平4　　**34.** 炮八退一　　　将5进1
35. 马六退四　　　将5平6
红方弈得相当紧凑,对黑方步步紧逼,黑方无可奈何,只能穷于应付。此着如改走炮8平6,则车二进四,炮8退2,车七平四,红亦胜定。

36. 车七平四　　　后车平6　　**37.** 马四进六
黑如接走车4进1,则车二平四,将6平5,前车退一,绝杀红胜。

第205局　车兵联手　演绎精彩

如图205,是第4届"嘉周杯"象棋特级大师冠军赛吉林陶汉明与河北刘殿中弈至红方第 46 着后的棋局。红方第 46 着车七平三是制胜的佳着,可谓一锤定音。

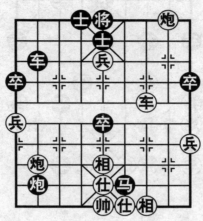

图 205

46.……　　　　　将 5 平 6

黑出老将,出于无奈。如改走车 2 进 5,则车三进四,士 5 退 6,炮二平四,士 4 进 5,炮四退三,士 5 退 6,炮四平五,将 5 平 4,车二平四,将 4 进 1,车四退一,将 4 退 1,兵五进一,绝杀红胜。

47. 炮二平六!　　　　**……**

红方弃炮轰士,是迅速入局的妙着。

47.……　　　　　士 5 退 4

黑如改走将 6 平 5(如车 2 平 5,则炮八进七,将 6 进 1,炮六退一,士 5 退 4,炮八退一,将 6 退 1,车三进四杀),则炮六平九,车 2 进 5,车三进四,士 5 退 6,炮九平四,将 5 平 4,兵五进一,绝杀红胜。

48. 车三进四　　　将 6 进 1　　　**49. 车三退二!**　　将 6 退 1

50. 兵五平四　　　将 6 平 5　　　**51. 车三进二**　　　将 5 进 1

52. 车三退一　　　将 5 退 1　　　**53. 兵四进一**

红方车兵演成精彩的绝杀佳作,值得学习和欣赏。

第 206 局　跃马扬鞭　乘风破浪

如图 206,是第 4 届"嘉周杯"象棋特级大师冠军赛吉林陶汉明与江苏徐天红弈至红方第 23 着后的棋局。黑方已少两子,但有攻势,形势占优。双方都很明白己方的处境和目的。红黑双方怎样斗法,请看实战:

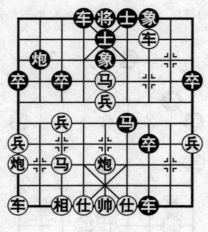

图 206

23. …… 炮 2 退 1

黑方此着看似普通,但却是很有远见的一着好棋,可使红 3 路车无好位可占,为进攻创造有利条件。

24. 车三退一 ……

红如改走车三退四,则马 6 进 4,红必丢车,黑方优势。

24. …… 马 6 进 7 **25. 炮 5 平 4** ……

红如改走仕六进五,则车 4 进 8,下伏车 4 平 5 的杀棋,红难应付。红三路车不能平四路解杀,可见黑方炮 2 退 1 的作用。

25. …… 车 4 进 8

进车催杀,黑方行子自如,成竹在胸。

26. 仕六进五 马 7 进 6! **27. 炮四退一** 车 7 平 9!

28. 马七进五 ……

红方不能炮四平六打车,因为黑有马 6 退 7 再车 9 平 6 的杀着。

28. …… 车 4 退 2

红如接走仕五退四吃马,则车 9 平 6,帅五进一,车 4 平 5,炮九平五,车 5 平 6,黑方胜定。

第 207 局 不鸣则已 一鸣惊人

如图 207,是第 4 届"嘉周杯"象棋特级大师冠军赛女子组黑龙江郭莉萍与江苏张国凤弈至第 38 回合的棋局。

39. 炮七平五! ……

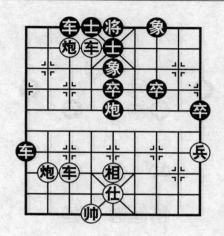

图 207

红方此举,惊动四座,真是精妙至极!

39.……　　　　　　　　车 1 进 3

黑如改走车 3 进 7,则炮八进七,车 3 退 7(如士 4 进 5,则车六进一),车六进一,将 5 进 1,车六退一,红胜。

40. 帅六进一	车 3 平 1	41. 炮五退二	象 5 进 3
42. 车七进三	前车退 1	43. 帅六退一	前车平 5
44. 相五退七	车 5 平 6	45. 车七平五	将 5 平 6
46. 车五平六	车 6 进 1	47. 炮五退六	

黑方少子不敌,遂停钟认负。

第 208 局　　弃马阻车　速战速决

如图 208,是"灌南汤沟杯"特级大师混双赛张国凤/徐天红与伍霞/许银川弈至第 27 回合的棋局。红方分析局势后,感到强攻的条件已具备,于是发起攻势:

28. 马七进五!　　　……

红方进马目的明确,断绝黑 7 路车右移的通道,为红炮平八制造杀势创造条件,是一步好棋。

28.……	车 7 退 1	29. 炮七平八!	士 5 进 4
30. 前车进一	炮 6 平 8		

黑如改走车 7 平 5,则前车进二,将 5 进 1,炮八进八,红胜。

| 31. 仕五退四 | 车 7 平 5 | 32. 前车进二 | …… |

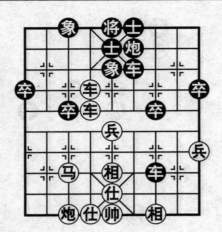

图 208

红方先走炮八进八,亦胜定。

32. ……   将 5 进 1   **33. 炮八进八**

以下将 5 平 6,仕六进五,炮 8 平 2,后车进三,士 6 进 5,前车平五,绝杀,红胜。本局是一个速战速决的典型范例,值得学习。

第 209 局   连消带打   稳步进取

如图 209,是"稔海杯"象棋棋王对抗赛广东吕钦与湖北柳大华弈至红方第 22 着后的棋局。

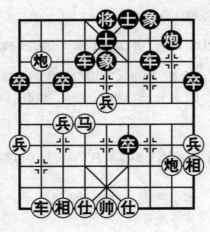

图 209

22. ……　　　　　　车 7 进 5

黑方进车捉炮,已算准可逼红马窝心,从而扩大先手。

23. 马六退四　　　车 4 进 4　　**24. 马四退五**　　　车 4 平 5

黑车锁住红方窝心马,扩大了优势。

25. 炮二进四　　　车 5 退 2　　**26. 炮八进二**　　　车 7 平 9

27. 车八进六　　　车 5 退 1　　**28. 车八平九**　　　……

红如逃炮,则车 9 平 4,再将 5 平 4 作杀,红亦难应付。

28. ……　　　　　　车 5 平 8　　**29. 车九进三**　　　车 8 进 3

红方难敌黑方双车、炮的强大攻势,遂停钟认负。

第 210 局　九宫献身　意在擒王

如图 210,是"奇声电子杯"象棋超级排位赛北京蒋川与广东吕钦半决赛第 2 场第 1 局弈至红方第 56 着后的棋局。黑方双卒闯入九宫,已占有明显优势,怎样把优势转化成胜势,黑方的表演非常精彩:

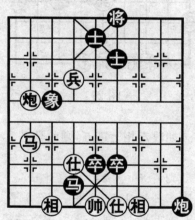

图 210

56. ……　　　　　　卒 6 进 1　　**57. 帅五平六**　　　卒 6 平 5

九宫献卒,本局的精华所在! 如改走卒 5 进 1,则无后续手段。

58. 炮八退一　　　士 5 退 4　　**59. 仕六退五**　　　卒 5 进 1

60. 马八退六　　　……

红如改走马八进六,则马 4 退 5,相七进五,炮 9 平 6,红亦难应付。

60. ……　　　　　　马 4 退 2　　**61. 马六进四**　　　卒 5 平 4

62. 帅六平五　　　马 2 退 4　　**63. 马四退二**　　　卒 4 平 5

64. 帅五平六　　　　马 4 退 2

黑胜。

第 211 局　马窝宫心　后患无穷

如图 211,是"奇声电子杯"象棋超级排位赛江苏王斌与广东许银川在半决赛中第 2 盘超快棋赛弈至第 22 回合的棋局。红炮虽是空心,但子力脱节,红马窝心,占位不利,红方明显处于劣势。黑方抓住机会,发动攻势,一举取得胜利。

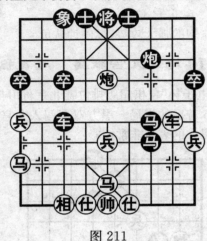

图 211

23. 马五进四　　　　……

红马跃出,实属无奈。如改走相七进五,则前马进 5,炮五退四,炮 7 平 5,黑大占优势。

23. ……　　　　　　车 3 平 6　　**24.** 仕六进五　　　　……

红如改走炮五退二,则车 6 进 1,车二平三,车 6 平 5,仕六进五(如仕四进五,则炮 7 平 3),炮 7 平 9,炮五平七,炮 9 平 5,黑方胜势。

24. ……	前马进 9	**25.** 车二进三	炮 7 退 1
26. 车二平三	炮 7 平 8	**27.** 车三平五	炮 8 平 5
28. 车五平六	炮 5 平 8	**29.** 帅五平六	……

红如改走车六平二,则车 6 进 1,车二进一,车 6 平 5,红方丢炮,黑多子胜定。

29. ……	车 6 进 1	**30.** 车六平五	士 4 进 5
31. 车五平三	象 3 进 5	**32.** 车三退三	炮 8 进 8
33. 帅六进一	车 6 平 5	**34.** 炮五平九	炮 8 退 1

35. 帅六退一　　　车5平4　　**36.** 仕五进六　　　车4进1

37. 帅六平五　　　车4进1

红如继走仕四进五,则车4平5,帅五平四,马9进7,红必丢车,黑胜。

第 212 局　　一招不慎　满盘皆输

如图212,是第25届"五羊杯"象棋冠军邀请赛重庆洪智与浙江于幼华争夺第3名的决赛棋局弈至第18回合时。枰面形势复杂,对攻激烈,胜负难料。谁能把握局势,谁就能胜利。请看实战:

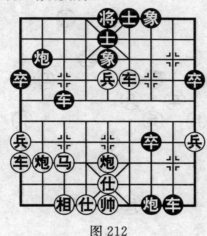

图 212

19. 炮八退一　　　炮7平4

黑方平炮打仕,力求一搏,但速度缓慢,陷入被动。应走象5退3,攻守兼备,红如接走炮八平七,则车3平8,炮七进八,炮2进7!车四退五,后车平5,马七退八,炮7平4,仕五退四,炮4平2,帅五进一,车5平3,黑方优势。

20. 仕五退四　　　炮4退1

黑如改走炮4退2,则马七退六,炮4进1,兵五进一,象7进5,车九平八,炮4平7,马六进七,炮2平4,车四平六,炮7进1,帅五进一,炮4退2,车八进七,车3平5,马七进六,车8退4,车六进二,车8平5,车八平七,后车平8,车七退二,红先成杀。

21. 兵五进一　　　象7进5　　**22.** 车九平八　　　车8退2

黑如改走炮2进6,则车四平六,车3退4,车六退五,红多子胜势。

23. 车四平五　　　炮2进6　　**24.** 炮五进五　　　将5平4

黑如改走士5退4,则炮五平六,士6进5,车五进二,士4进5,车八进七杀。

25. 车八进七　　　　将 4 进 1　　**26.** 车八退一　　　将 4 退 1
27. 炮五平三

红方平炮成绝杀之势,黑遂停钟认负。

第 213 局　　弃马强攻　　力克双车

如图 213,是第 25 届"五羊杯"象棋冠军邀请赛广东许银川与广东吕钦弈至红方第 36 着后的棋局。红方第 36 着兵五平六弃马欺车意义深远,力度强,是一步争先的好棋。

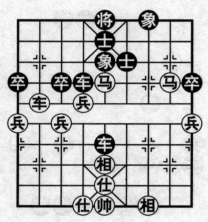

图 213

36. ……　　　　　　车 4 平 5

黑方此着疏于防范,最终导致失败。应改走车 4 退 3 固守,虽居下风,但仍有复杂变化。

37. 车八进四　　　　士 5 退 4　　**38.** 马二进四　　　将 5 平 6
39. 车八平六　　　　将 6 进 1　　**40.** 马四进二　　　象 5 进 3

黑如改走将 6 平 5,则兵六进一,红亦胜势。

41. 车六平三　　　　将 6 平 5　　**42.** 马二退四　　　象 3 退 1

黑如改走将 5 平 6,则马四进六,后车退 2,兵六进一,红亦胜势。

43. 兵六进一

黑方无法抵挡红方车、马、兵的强大攻势,遂停钟认负。

第 214 局　　先弃后取　　神机妙算

如图 214,是第 25 届"五羊杯"象棋冠军邀请赛黑龙江赵国荣与河北刘殿中

弈至红方第 29 着后的棋局。黑方已占有明显优势,但怎样把优势转化成胜势呢? 请看黑方的精彩表演:

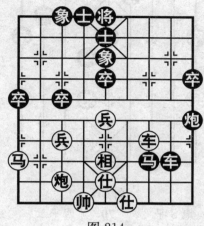

图 214

29.…… 马 7 进 5

黑方马踏中仕,算准可以先弃后取,是简化局势稳操胜券的精妙之着!

30. 仕四进五 车 8 平 5 **31. 车三进一** ……

无奈之着。红如改走马九进八,则车 5 平 2,马八进六,车 2 进 3,帅六进一,车 2 退 1,红方丢炮。

31.…… 车 5 平 1 **32. 炮七进四** 象 5 进 3

以下红只能接走车三平一,车 1 进 2,帅六进一,车 1 退 1,帅六退一,车 1 平 5,黑方胜定。

第 215 局 老兵孤车 难成大器

如图 215,是"中冠杯"象棋对抗赛于幼华与赵鑫鑫弈至第 67 回合的棋局。从图中可看出双方攻杀的悲壮惨烈程度。红方孤掌难鸣,失败已在所难免。请看实战:

68. 车五平七 ……

红如改走车五退三,则炮 6 退 6,车五平四,马 6 进 5,帅四平五,炮 8 平 5,车四平五,马 5 进 7,帅五平四,炮 5 平 6,黑胜。

68.…… 马 6 进 7 **69. 帅四退一** ……

红如改走帅四平五,则炮 8 平 5,相七进五,炮 6 平 5,相五退七,前炮平 9,相七进五,马 7 进 5,红方难以解杀。

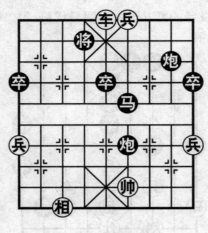

图 215

| 69. …… | 炮 8 平 6 | 70. 帅四平五 | 后炮平 5 |

71. 帅五平四 ……

红如改走相七进五,则炮6平5,帅五平四,前炮平9,车七退一,将4进1,车七退二,马7进5,帅四进一,马5退7,帅四退一,马7进8,帅四进一,炮9进2,马后炮杀。

71. …… 炮 6 退 5

黑方退炮演成绝杀之势,黑胜。